열매 맺는 순장

열매 맺는 순장

말씀 안에 뿌리 내리고 사랑으로 열매 맺는 실전 순장 리더십 　**배창돈**

국제제자훈련원

추천사

사람을 세우는 일은 이 세상에서 가장 가치 있는 일이다. 순장은 그 일에 가장 앞장 서 있는 귀한 존재들이다. 제자삼는 사역의 오랜 경험으로 빚어낸 이 책은 순장들에게 자신의 사역을 되돌아보고 사역의 본질과 초심으로 돌아가 다시 한번 열정을 가지고 사역에 임하도록 도울 것이다. 한 사람 철학을 이어가며 제자삼는 사역의 풍성한 열매를 꿈꾸는 모든 평신도 지도자들에게 기쁨으로 이 책을 추천한다.

김명호(대림교회 담임목사)

순장의 길을 처음 가는 사람들에겐 좋은 길잡이가 되고 순장의 길을 오래 갔던 사람들에겐 좋은 자기 진단표가 될 것이다.

남창우(장충교회 담임목사)

몇 년 전 우리 교회 순장들을 이끌고 평택대광교회를 탐방한 적이 있다. 그때 우리 순장들은 대광교회 순장들의 섬김의 모습을 직접 보고 들으며 충격을 받았다. 그리고 그 이후 순장들 태도가 완전히 달라졌다. 백 마디의 좋은 가르침보다 좋은 모델을 한 번 보는 것이 얼마나 더 영향력 있는가를 깨달았다. 바로 그 순장들을 키워 낸 배창돈 목사님의 순장 이야기 한 문장 한 문장 속에서 명품을 만들어 낸 장인의 정신이 읽혀진다.

이인호(더사랑의교회 담임목사)

"어떻게 하면 하나님을 기쁘시게 해드릴까?"에 모든 초점을 맞추어 목회하시는 목사님과 함께 하나님 나라의 동역자로 쓰임 받고 있다는 것이 부족한 나에게는 얼마나 큰 축복인지 모른다. 이 책은 지극히 평범한 평신도가 해산의 고통을 두려워하지 않고 또 다른 평신도를 주님의 제자로 삼아 양육하여 아름다운 열매를 맺고 있는 평택대광교회의 영적 재생산 보고서이다.

이 책을 통하여 더 많은 순장들이 열매 맺는 법을 구체적으로 배우고 적용하여 많은 열매로 하나님을 기쁘시게 할 것을 확신한다.

모윤희(평택대광교회 순장)

한 영혼에 갈급한 목회자가 영적 동지애로, 지근거리에서 지켜보아 왔던 순장사역의 알파부터 오메가까지 마치 한 편의 영화같이 펼쳐져 있다. 특히, 앙상한 로뎀나무의 그늘을 찾는 순장에게는 지쳤다고 느껴지는 순간마다 기이하게 먹이셨던 하나님과의 첫사랑을 떠올리며, 떡과 물을 공급받는 영적 비타민과도 같은 내용들이다. 한편, 보다 멋진 섬김의 길을 갈망하는 성도들에게는 "순장이 왜 행복한가?"를 잠깐 엿볼 수 있는 멋진 기회이기도 하다.

이병준 (사랑의교회 순장)

머리말

사도 바울은 많은 평신도 사역자들과 동역했다. 그는 서신서 곳곳에서 자신과 동역한 평신도들을 뜨거운 사랑으로 소개한다.

그중 에바브로디도는 그 이름의 뜻처럼 '매력적인' 평신도 사역자였다. 바울은 에바브로디도를 소개하면서, "나의 형제", "함께 수고하고 함께 군사 된 자", "내가 쓸 것을 돕는 자"라고 표현했다. 에바브로디도는 자신의 몸을 돌보지 않고 사역에 힘쓰다가 죽을병에 걸릴 정도로 신실한 동역자였다. 자신이 앓고 있는 중한 병이 빌립보 교회 성도들에게 알려졌다는 사실을 알고는 오히려 빌립보 교회와 성도들을 더 염려했다. 그는 주님의 몸 된 교회와 성도들을 지극히 사랑한 사역자였고, 바울의 든든한 동역자였다. 이런 에바브로디도는 참으로 이상적인 평신도상이다.

바울은 빌립보 성도들에게 그리스도를 위해 자기 목숨을 돌보지 않고 사역한 에바브로디도를 자신을 대하듯 존귀하게 여기고 감사와 존경의 마음으로 맞이해 줄 것을 부탁한다.

"이러므로 너희가 주 안에서 모든 기쁨으로 그를 영접하고 또 이와 같은 자들을 존귀히 여기라 그가 그리스도의 일을 위하여 죽기에 이르러도 자기 목숨을 돌보지 아니한 것은 나를 섬기는 너희의 일에 부족함을 채우려 함이니라"(빌 2:29-30).

모든 순장이 이런 아름다운 사역의 주인공이 되었으면 하는 간절함을 가지고 『아름다운 이름, 순장』에 이어 『열매 맺는 순장』이란 제목으로 책을 내게 되었다. 하나님께 감사와 영광을 올려 드린다.

순장이 되는 과정은 개인의 성품, 신앙배경, 주변의 환경과 훈련의 내용 등에 영향을 받는다. 그러나 그보다 중요한 것은 교회의 전체적인 영적 흐름이다. 이 책에서는 평신도가 동역하는 평택대광교회의 영적 흐름을 읽을 수 있을 것이다. 아울러 순장 사역을 하면서 어떤 자세와 마음가짐을 점검해야 하는지 등을 기록했다.

건강한 순장의 영향력은 정말 대단하다. 순장들이 그리스도의 몸인 교회와 한 영혼을 뜨겁게 품고 사랑과 열정을 쏟아붓는 것을 보며 목회자로서 부끄러움을 느낄 때가 많다. 평택대광교회의 30년 역사는 평신도들이 썼다고 해도 과언이 아니다. 이 책이 건강한 교회를 이루는 데 유익이 되고 사역 현장에서 땀 흘리는 순장들에게도 도움이 되었으면 좋겠다.

2013년 2월 평택에서 배창돈

추천사 ··· 5
머리말 ··· 8

Part 1 교회를 세우는 순장
1. 순장, 교회의 작은 목사 15
2. 순장은 해산의 고통을 두려워하지 않는다 31
3. 교회의 건강도는 순장에게 달려 있다 42
4. 열매 맺는 모임 49

Part 2 나는 어떤 순장인가?
5. 좋은 순장이 되기 위한 자기 점검 61
6. 바울에게 배운다 1 _ 순장의 기도 77
7. 바울에게 배운다 2 _ 순장의 마음 85

Part 3 순원을 살리는 순장

    8. 한 영혼에 대한 비전　97
    9. 화평을 이루는 순장　104
    10. 순장과 명예욕　109
    11. 끝까지 사랑해야 할 지체　116
    12. 순원을 복 되게 하는 순장　122

Part 4 순장의 영성 유지하기

    13. 새벽을 깨우는 순장　133
    14. 당신은 주님의 제자인가?　150
    15. 순장이 져야 할 십자가　158
    16. 부활의 소망이 있으면 흔들리지 않는다　164
    17. 삶을 예배로 올려드리는 순장　171
    18. 하나님을 경외하는 순장　178
    19. 큐티하는 순장　188

Part 1
교회를 세우는
순장

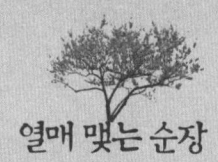

1. 순장, 교회의 작은 목사

아기 돌맞이 감사예배를 드릴 때 공통적으로 발견할 수 있는 광경이 있다. 부모는 돌을 맞은 아기 앞에 몇 가지 물건을 놓고 아기가 무엇을 잡을지 기대하며 지켜본다. 돈을 잡으면 부자가 될 것이라고 좋아한다. 연필을 잡으면 공부를 잘할 것이라고 좋아한다. 실을 잡으면 오래 살 것이라고 좋아한다. 욕심 많은 아이는 전부 다 가지려고 한다. 그런 모습을 보며 부모는 좋아서 어쩔 줄 모른다. 간혹 아무것도 잡지 않으려는 아기가 있으면 부모는 물건을 아기의 손에다 쥐어 주며 그것을 잡을 수 있도록 도와준다. 부모라면 누구나 이렇게 자녀를 향한 기대감을 갖고 있다. 하나님도 교회의 작은 목사인 순장에게 기대하시는 것이 있다.

미국의 유명한 설교가 필립스 브룩스는 미국 대통령 링컨이 암살된 직후 이렇게 설교했다. "하나님, 우리에게 에이브

러햄 링컨 대통령과 같은 좋은 목자를 주신 것을 감사합니다. 그는 우리나라 최고의 지도자로 우리가 하나님을 어떻게 사랑해야 하는지 그리고 공의로운 삶이 어떤 것인지를 보여주었습니다."

어떻게 하나님을 사랑하고 성도의 삶을 살아야 하는지 본을 보여주는 순장이 많은 교회는 제 역할을 잘 감당하는 건강한 교회가 될 수 있다. 교회의 건강도는 평신도 지도자들에 달려 있다. 교회는 아름다운 순장이 많아야 한다. 이 일을 위해 순장들은 항상 기도하고 준비해야 한다.

성경에서 탁월한 지도자들이 세워지는 과정을 살펴보면 순장인 나 한 사람이 얼마나 중요한지 깨닫게 된다. 믿음의 사람을 모델로 삼고 사역하는 것은 지혜로운 일이다. 이 세상 사람 중에 가장 온유하고 충성된 자라고 불렸던 모세처럼 우리도 그와 같은 평가를 받을 수 있도록 소원해 보자.

"이 사람 모세는 온유함이 지면의 모든 사람보다 더하더라"
(민 12:3).
"내 종 모세와는 그렇지 아니하니 그는 내 온 집에 충성함이라"
(민 12:7).

씨앗은 언젠가는 열매를 맺는다

한 사람이 태어나는 것은 우연이 아니다. 모든 사람은 하나님의 계획 속에 태어난다. 모세도 하나님의 계획 속에 태어났다. 물론 모세 자신이나 부모도 하나님의 오묘한 계획을 알지 못했을 것이다. 모세는 최악의 상황에서 태어났지만 그가 태어난 목적은 분명했다. 그는 이스라엘 백성을 애굽에서 구원할 목적을 가지고 이 땅에 태어났다.

하나님의 계획은 한 사람의 탄생으로 구체화된다. 하나님의 계획이 이루어지는 데는 시간이 필요하다. 따라서 그 계획은 기다리는 자들에 의해 이루어진다. 그런데 사람들은 대부분 너무나 조급하다. 특히 한국인들의 조급함은 세계가 알아줄 정도다. 어떤 일을 시작하면 금방 어떤 결과가 눈앞에 보여야 직성이 풀린다. 그러나 조급한 것은 대형사고의 원인이 된다. 조급하게 이룬 것은 결코 오래 갈 수 없다. 이미 우리는 성수대교와 삼풍백화점 붕괴 사고를 보며 가슴 아파한 경험이 있다.

순장의 직분을 맡고 최선을 다하다 보면 어느 날 많은 열매가 맺힌 것을 발견하고 즐거워하게 된다. 시작한 지 얼마 되지 않았는데 금방 결과를 보려고 해서는 안 된다. 하나님 말씀대로 하나씩 행하다 보면 반드시 열매를 맺게 된다. 하나님의 계획을 이루어 드리게 되는 것이다.

평택대광교회를 통해 얼마나 많은 사람이 예수님을 믿었을까? 우리는 평택 인구의 10분의 1 이상에게 복음을 전하는 것을 목표로 지금까지 달려왔다. 이것이 너무 허황된 목표처럼 보일 수도 있다. 그러나 우리는 우리가 뿌린 복음의 씨앗이 결코 헛되지 않음을 믿는다.

오래 전에 교회 게시판에 익명으로 글이 하나 올라왔다. 제목은 "내가 중학교 때 다니던 평택대광교회"였다.

"저는 중학교 때 평택에 있는 대광교회에 다녔어요. 평택여고 뒤에 있는 과수원에서 처음 터파기 공사할 때 예배도 드렸고요. 주일예배 끝나면 목사님 댁에서 라면을 먹었지요. 인터넷으로 우연히 평택대광교회를 만났는데 겉으로 봐도 많이 부흥이 되어 기쁘네요. 그때 그 시절이 그립네요. 개인적으로 너무 가난했고 너무 힘들었고 그래서 신앙생활도 제대로 못했던 그 시절…. 이젠 결혼도 하여 아이도 있고, 경기도 과천교회에 다니고 있답니다. 제가 계속 신앙생활을 할 수 있었던 건 제가 중학교 때 목사님께서 저에게 뿌리신 씨앗 때문이 아닐까요. 목사님, 감사합니다. 그리고 사모님께도 감사드립니다. 한 가지 생각나는 게 있는데요. 어느 크리스마스인가 목사님 댁에서 친구들과 잠을 잤는데 한 친구가 화장실에 빠진 기억이 나네요. 목사님, 이젠 수세식 화장실로 바뀌었겠지요? 이젠 평택에 갈 일이 없지만 한번 찾아뵙고 인사드리고 싶네요. 늘 평안하시고 그때 그 시절의 열정으로 훌륭한 목회자가 되시길 바랍니다.
안녕히 계세요."

누군지 생각이 잘 나지 않았다. 그 시절 학생들은 대부분 기억하는데 그 자매는 기억나지 않았다. 게시판을 다시 살펴보니 휴대전화 번호가 찍혀 있어서 전화를 해봤다. 22년 전에 중학교 3학년이었던 학생이었다. 지금은 두 아이의 엄마가 되어 있었고 남편도 함께 신앙생활을 한다고 했다.

우리가 뿌린 복음의 씨앗은 결코 헛되지 않는다. 우리가 전한 복음이 당장 열매 맺지 못한다고 낙심하지 말자. 한걸음 한걸음 꾸준히 씨를 뿌리다 보면 어느새 열매가 맺힌 것을 보며 기뻐할 것이다.

"우리가 선을 행하되 낙심하지 말지니 포기하지 아니하면 때가 이르매 거두리라"(갈 6:9).

뿌리를 내리는 시간

모세가 태어나서 하나님의 일을 하기까지는 80년이란 세월이 필요했다. 80년 동안 하나님께서는 모세를 준비시키신 것이다. 모세의 80년은 믿음의 뿌리를 내리는 기간이었다. 뿌리를 내린 만큼 위로 올라갈 수 있고 많은 열매를 맺을 수 있다.

대나무는 뿌리를 깊이 내리는 나무로 유명하다. 중국 동부에서 자라는 '모소'라는 대나무는 심고 난 후 4년까지는 아무런 소식이 없다가 5년째부터 작은 순들이 지면을 뚫고 올라오기 시작한다. 순이 나오기 시작한 지 6주 정도 되면 대나무는 15미터가 넘게 훌쩍 자란다고 한다. 땅 위에는 아무런 변화 없는 4년 동안, 대나무의 뿌리는 땅 속에서 수십 미터까지 뻗어 내린다는 것이다.

뿌리 내린 만큼 열매 맺을 수 있다. 뿌리 내린 만큼 강해질 수 있다. 따라서 준비하고 훈련받는 시간들은 결코 아까운 시간들이 아니다.

이제 막 예비 순장으로 임명 받은 69세 남자 순장이 있다. 오랜 세월 교회에 다녔지만 예수님을 인격적으로 영접하지 못한 채 흘려보낸 시간이 너무나 아까워서 남은 시간이라도 최선을 다하고 싶다며 60세 후반에 전도폭발훈련과 제자훈련을 정말 열심히 받았다. 그리고 자신이 섬길 수 있는 자리에서 최선을 다하고 있다. 젊었을 때 악기를 배운 경험을 살려 지금은 찬양단에서 열심히 하나님을 찬양하고 있다.

지금이 늦었다고 말하지 말자. 늦은 것이 아니다. 지금부터 최선을 다하면 헛되게 지나갔다고 생각했던 세월이 지금을 준비하는 시간이었음을 깨닫게 될 것이다.

이제 당신은 아름다운 이름, 순장이다. 과거에 어둡고 험난

한 삶을 살았을지라도 그것은 아무 문제가 될 수 없다. 하나님께서는 당신을 귀하게 사용하기를 원하신다. 당신은 두 달란트 받은 순장, 다섯 달란트 받은 순장이다. 그리고 그날 감격하며 칭찬하시는 우리의 주인이신 주님의 음성을 듣게 될 것이다.

"잘하였도다 착하고 충성된 종아 네가 적은 일에 충성하였으매 내가 많은 것을 네게 맡기리니 네 주인의 즐거움에 참여할지어다 하고"(마 25:21, 23).

가장 귀한 사명자, 순장

부모는 자녀의 이름을 지을 때 그 이름에 부모의 바람을 담는다. 하나님께서도 믿음의 사람들에게 새로운 이름을 지어 주셨다. 아브람에게는 아브라함이라는 이름을, 야곱에게는 이스라엘이라는 이름을, 사울에게 바울이라는 이름을 주셔서 그들이 사명자임을 알려 주셨다.

 순장이라는 이름처럼 아름답고 귀한 이름은 없다. 바로 순장 사역의 가치 때문이다. 사람에게 가장 가치 있는 일은 사람을 세우는 일이다. 예수님도 이 땅에 오셔서 사람 세우는 일에 정열을 쏟으셨다. 순장은 주님의 제자를 세우는 첫 단추를 끼우는 사역을 감당한다. 이보다 더 귀한 사역은 없다.

이 귀한 사역에 참여하는 순장들은 확신과 소명감을 가지고 있어야 한다. 이 사역에는 성령이 적극적으로 개입하시기 때문이다. 제자훈련의 대헌장이라고 할 수 있는 골로새서 1장 28-29절을 보면, 사람을 세우는 사역은 성령께서 도우시기에 더욱 힘을 다해 수고할 수 있다고 말씀한다.

"우리가 그를 전파하여 각 사람을 권하고 모든 지혜로 각 사람을 가르침은 각 사람을 그리스도 안에서 완전한 자로 세우려 함이니 이를 위하여 나도 내 속에서 능력으로 역사하시는 이의 역사를 따라 힘을 다하여 수고하노라."

성령의 도우심을 따라 사역하는 순장은 개척자의 자세로 임해야 한다. 순장들 가운데 개척 순장들이 있다. 이들은 처음부터 시작해야 하기에 더 많은 수고를 감당해야 한다. 간혹 개척 순장으로 파송받는 사람은 순원이 많은 순장을 부러워하거나 시기하는 마음을 가질 수 있다. 그런 마음가짐은 결코 바람직하지 않다. 기도하면서 힘을 다해 사역하면 성령께서 도우시기 때문이다.

좋은 순원이 들어오기만을 원하는 것은 바람직한 자세가 아니다. 수고에 대한 열매를 기대하며 전도하고 순원들을 양육하여 자신의 순을 번식시켜 나가야 한다. 하나님께서는 바로 나를 통해 건강한 순모임이 이루어지기를 원하신다는 사실을 기억하고 힘을 다해 섬기면 성령께서 가장 좋은 동역자가 되어 주실 것이다.

3년 후, 아니 5년 후를 기대하라. 인내와 사랑으로 섬긴 순원이 순장이 되어 함께 동역의 길을 걷는 것을 보게 될 것이다. 이 세상에서 가장 가치 있는 일, 사람을 세우는 일에 내가 쓰임 받고 있다는 사실! 가슴이 뛰지 않는가!

비전의 사람, 순장

내 고향은 '한국의 나폴리'라고 불리는 충무이다. 지금은 통영이라는 이름으로 불린다. 어릴 때 나는 통영의 아름다움을 몰랐다. 중고등학교 때 미륵산으로 소풍을 자주 가곤 했는데 어떤 때에는 미륵산 정상까지 올라가기도 했다. 그때는 그곳이 아름답다는 생각을 하지 못했다. 나이가 든 후 찾아간 미륵산과 그 주변의 바다 경치는 정말 아름다워서 탄성이 저절로 나온다. 매일 보아도 아름다운 곳이 통영이다. 얼마 전에 케이블카를 타고 미륵산 정상에 올라가서 보니 그곳이 한국의 100경 중 1경에 선정되었다는 소개글이 있었다.

하나님께서 만드신 아름다운 자연은 모든 사람에게 유익을 준다. 자연을 바라보고 있노라면 평안함과 정서적인 안정을 누릴 수 있다. 그래서 아름다운 자연과 함께 휴식하는 것은 재충전하는 기회가 되는 것이다.

사람은 누구나 아름다워지고 싶은 바람을 가지고 있다. 그런데 요즘은 겉모양만 아름다워지려는 사람들이 많은 것 같다. 그래서 성형외과가 성업 중이다. 젊은이들은 인조인간 같은 하얀 피부와 오똑한 콧날을 선호한다. 턱을 깎아 얼굴형까지 변형시킨다. 그러다 보니 성형수술 부작용이 자주 일어나고 있다고 한다. 외모 지상주의는 사람을 미혹시키지만 삶을 아름답게 하지는 못한다.

예수님께서는 이 땅에 사는 사람들이 아름다워지기를 원하신다. 예수님께서 원하시는 것은 외면의 아름다움이 아니라 내면의 아름다움이다. 예수님께서는 외모만을 그럴싸하게 꾸미고 다니는 지도자들을 향해 날카롭게 책망하고 저주하셨다.

> "화 있을진저 외식하는 서기관들과 바리새인들이여 회칠한 무덤 같으니 겉으로는 아름답게 보이나 그 안에는 죽은 사람의 뼈와 모든 더러운 것이 가득하도다"(마 23:27).
> "뱀들아 독사의 새끼들아 너희가 어떻게 지옥의 판결을 피하겠느냐"(마 23:33).

예수님께서는 교회를 통해 이 악한 세상이 아름다워지기

를 원하신다. 교회가 제 역할을 잘 감당하는 것, 그것이 예수님의 비전이다. 그러므로 교회가 제 역할을 잘 감당하지 못하는 것은 곧 주님의 마음을 아프게 하는 일이 된다. 아니 도가 지나친 교회는 주님을 비참하게 만든다.

주님께서 주기도문을 통해 가르쳐 주신 비전을 교회는 마음 깊이 새겨야 한다. "뜻이 하늘에서 이루어진 것같이 땅에서도 이루어지이다." 주님의 비전을 품고 사는 사람들의 공동체가 바로 교회이다.

평택대광교회가 위치한 동네는 비전동이다. 비전동에는 크게 볼거리가 없다. 산도 없고 강도 없다. 특별한 유적지도 없다. 그러나 동 이름이 대한민국에서 가장 좋다. 비전동에 위치한 평택대광교회는 동네 이름처럼 비전이 있다. 주님의 뜻을 이루어 드리기 위해 노력하기 때문이다. 주님의 뜻을 이루기 위한 비전을 마음에 품고 사는 그리스도인들, 그중에도 한 영혼을 세우기 위해 헌신하는 순장들을 '비전동 사람'이라고 불러도 틀린 말은 아닐 것이다.

주님의 비전을 품은 자는 처음에는 미약하게 보인다. 그러나 나중은 심히 창대해져서 자신도 놀라 그 큰 일을 이루신 주님을 향해 찬양과 영광을 돌려 드리게 된다. 그때는 비전을 이루는 동안 헤쳐 온 수많은 문제들이 오히려 나에게 유익이 되기도 했고 내가 생각했던 것만큼 큰 문제가 아니었음을 깨닫게 될 것이다. 어떤 일보다 우선되어야 하는 것은 내 마음에 주님의 비전을 품고 있는 것이다.

평택대광교회는 정말 초라하게 시작했다. 개척 때부터 어느 누구의 축하도 받지 못했다. 후원도 없었다. 세상의 배경은 전혀 없었다. 지역적인 환경도 최악의 조건이었다. 그러나 가장 막강한 후원자가 계셨다. 바로 주님이셨다. 언제나 동행해 주시는 주님이 계셨다. 우리가 주님의 뜻을 이루어 드리기 위해 노력하는 동안 주님께서는 우리와 함께해 주시고 미처 생각지도 못한 것들을 우리에게 더해 주셨다.

> "나의 계명을 지키는 자라야 나를 사랑하는 자니 나를 사랑하는 자는 내 아버지께 사랑을 받을 것이요 나도 그를 사랑하여 그에게 나를 나타내리라"(요 14:21).

주님은 참으로 많은 것을 주셨다. 구하지 않은 것까지 주셨다. 단지 우리는 주님께서 원하시는 것을 약간 구한 것뿐인데 그분은 생각보다 풍성하게 부어 주셨다.

> "너희가 내 안에 거하고 내 말이 너희 안에 거하면 무엇이든지 원하는 대로 구하라 그리하면 이루리라"(요 15:7).

그리스도인에게 가장 위험한 것은 내 꿈을 이루기 위한 비전이다. 그리스도인의 비전은 주 안에 있어야 한다. 주님께서 원하시는 비전이 바로 내 비전이 되어야 한다.

"그런즉 너희는 먼저 그의 나라와 그의 의를 구하라 그리하면 이 모든 것을 너희에게 더하시리라"(마 6:33).

사도 바울과 함께 사역한 평신도 동역자들은 그들이 함께 맺은 많은 열매를 보며 기뻐했다. 그들은 주님 앞에 가서 크게 칭찬받을 것이다. 주님께서 원하시는 뜻을 품고 주님의 비전을 이루어 드리기를 원했기 때문이다.

순장은 비전의 사람이어야 한다. 주님의 비전을 품고 나아갈 때, 주님께 쓰임 받을 수 있기 때문이다.

하나님은 불 탈 심지를 찾으신다

하나님을 온전하게 신뢰하며 기도하면 하나님의 일하심을 경험할 수 있다. 사실 하나님께서는 자녀 된 우리가 그분을 온전하게 신뢰할수록 좋아하시며 열심히 일하신다. 그러나 그분을 의심하거나 세상을 의지하는 모습을 보이면 크게 실망하신다.

이스라엘이 망한 이유는 하나님보다 주변 강대국의 힘을 더 의지했기 때문이다. 앗수르를 더 의지한 이스라엘의 아하스 왕에게 하나님께서는 임마누엘의 징조를 보이시지만, 하나님을 신뢰하지 못한 아하스 왕은 앗수르에게 돈을 바치며 군사적인 지원을 요청했다. 그는 결국 파국에 이르게 된다.

"너희 민족들아 함성을 질러 보아라 그러나 끝내 패망하리라 너희 먼 나라 백성들아 들을지니라 너희 허리를 동이라 그러나 끝내 패망하리라 너희 허리에 띠를 따라 그러나 끝내 패망하리라 너희는 함께 계획하라 그러나 끝내 이루지 못하리라 말을 해 보아라 끝내 시행되지 못하리라 이는 하나님이 우리와 함께 계심이니라"(사 8:9-10).

하나님을 불신하는 것은 하나님을 괴롭히는 것이나 마찬가지다. 하나님께서 나와 함께하신다는 사실을 확신하며 기도하고 행동하면 하나님께서 이루어 가시는 오묘함과 놀라운 결과를 경험하게 된다.

나는 어릴 때부터 교회의 크고 작은 문제들을 보며 교회에 대해 심각하게 고민하기도 했다. 그러다 부교역자로 사역하면서 건강한 교회에 대한 구체적인 바람이 확고해져 갔다. 그 바람을 안고 세워진 교회가 바로 평택대광교회이다.

나는 건강한 교회를 세우고자 하는 마음으로 교회 개척을 준비했다. 그 당시 교회를 개척하려면 예배당 장소를 구하는 데 필요한 전세금이 최소한 600-700만 원은 있어야 했다. 그러나 나는 교회 개척에 필요한 것은 돈이 아닌 하나님을 향한 신뢰임을 믿었다. 준비된 장소, 준비된 자금이 필요하다고 이야기하는 사람들이 있었지만 확신은 흔들리지 않았다. "교회는 돈이 아니라 믿음으로 세워지는 것이다."

교회 개척을 결정하고 기도했다. 하나님 보시기에 가장 합당한 장소에서 개척을 시작할 수 있도록 예배 처소를 허락해 달라고 아내와 함께 간절히 기도했다. 그리고 부동산중개소를 찾았다. 소개받은 장소는 허름한 상가 2층 건물의 8평 남짓한 작은 공간이었다. 보증금 50만 원에 월세 6만 원이었다. 때마침 결혼하면서 통장에 넣어 두었던 50만 원이 남아 있던 터였다. 문제가 일시에 해결되었다.

예배 처소를 구하는 것에서부터 하나님의 인도하심을 느끼며 하나님께 감사를 드렸다. 이렇게 평택대광교회는 성말 작고 초라하게 시작했다. 그러나 나에게는 하나님께서 원하시는 건강한 교회에 대한 간절한 소원이 있었다.

교회 창립예배를 위해 준비한 것은 커튼을 달고 장판을 깔고 강대상을 들여놓은 것이 전부였다. 그리고 1983년 1월 1일 0시에 창립예배를 드렸다. 예배에 참석한 사람은 우리 부부와 세 사람이었다. 환영객은 물론 축하 화분이나 축전 하나 없었다.

나는 교회 개척을 아무에게도 알리지 않았다. 부모님께도 알리지 않았다. 염려하실 것이 너무나 분명했기 때문이다. 친구들에게도 알리지 않았다. 20대의 전도사가 아무것도 준비하지 않고 개척을 시작한 그 무모함에 박수를 치는 사람은 아무도 없을 것이라고 생각했기 때문이다.

오직 주님께서 행하실 놀라운 일을 기대하며 시작했다. 허드슨 테일러가 "하나님께서는 불 탈 심지를 찾고 계신다. 기름과 불은 하나님께서 거저 주시는 것이다"라고 한 말을 생각하며 간절히 기도했다.

"주님 저는 아무것도 모릅니다. 능력도 없습니다. 모든 것이 부족할 뿐입니다. 그러나 말씀에 따라 순종할 수는 있습니다. 주님 저를 도와주십시오."

2. 순장은 해산의 고통을 두려워하지 않는다

하나님께서 만드신 공동체인 가정과 교회에 공통적으로 들어가는 단어가 바로 '몸'이다. 부부는 '한 몸'이 되어 가정을 이룬다. 교회는 '그리스도의 몸'이다.

> "이러므로 남자가 부모를 떠나 그의 아내와 합하여 둘이 한 몸을 이룰지로다"(창 2:24).
> "이와 같이 우리 많은 사람이 그리스도 안에서 한 몸이 되어 서로 지체가 되었느니라"(롬 12:5).

사람의 몸은 신비롭다. 우리의 몸은 창조의 신비를 그대로 나타낸다. 특히 몸을 통해 생명이 탄생하는 것은 참으로 오묘하다. 몸을 통해 생명이 잉태되면 태아는 10개월 동안 몸속에 있다가 세상에 나온다. 생명은 이렇게 해산을 통해 번식함으로써 혈통을 잇는다. 주님께서 교회를 그리스도의 몸이라고 부르신 이유 중 하나는 이러한 해산의 의미를 염두에 두셨기 때문이다. 몸은 잉태하고 출산한다.

해산에는 수고가 따른다

해산의 수고는 하나님 나라에 가장 본질적이며 중요한 사역이다. 한 영혼, 한 영혼이 예수님을 믿게 된 것은 모두 해산의 수고가 있었기 때문이다. 해산의 수고가 있는 교회가 건강한 교회이다. 해산의 수고를 많이 하는 교회일수록 영혼을 사랑하게 된다.

의학이 발달하여 옛날보다 해산의 고통이 어느 정도 줄었다고 해도 생명이 뱃속에 있는 기간은 단축할 수 없다. 산모는 해산하기 위해 참으로 큰 고통을 겪어야 한다. 임신 기간 동안 여러 가지 질환의 위협도 받는다.

내 아내는 임신 기간에 입덧 때문에 물만 먹어도 토했다. 몇 달 동안 거의 매일 토했다. 입덧이 얼마나 괴로운지 경험해 본 사람만 알 것이다. 출산이 임박해서는 거의 30시간 정도 진통한 후 아들을 낳았다.

성경에는 해산을 앞 둔 여인의 두려움을 다음과 같이 표현하고 있다.

"거기서 떨림이 그들을 사로잡으니 고통이 해산하는 여인의 고통 같도다"(시 48:6).

이런 수고를 통해 아이를 해산한 어머니는 그 자녀를 위해 자신의 생명을 걸게 된다. 남편이 보기에 그렇게 게으르던 아내가 자녀를 위해서는 밤낮을 가리지 않고 헌신한다. 아이가 조금만 울어도 잠을 깨고 밤잠을 설쳐 가며 아이를 돌본다.

과거에는 해산으로 죽어 가는 사람들이 참 많았다. 산모는 한 생명을 낳기 위해 자신을 희생한다. 마찬가지로 한 영혼을 구원하기 위해서도 산고의 고통을 치러야 한다. 한 영혼을 전도하는 데 쏟는 수고와 고통은 이루 말로 표현할 수 없다. 우리 역시 복음을 받기까지 수많은 영적 산모들의 희생이 있었음을 잊지 말아야 한다.

해산은 기쁨과 자랑이다

한 영혼을 잉태하여 오랜 기간 기도하고 해산할 때의 기쁨은 그 무엇과도 바꿀 수 없다. 야곱에게는 네 명의 아내가 있었는데 그 아내들은 경쟁적으로 출산한다. 아이를 출산하여 야곱의 사랑을 얻고 싶었기 때문이다. 그래서 자매인 레아와 라헬은 자녀를 출산할 때마다 기뻐하고 자랑했다. 요즘 말로 하면 어깨에 힘을 준 것이다.

야곱은 라헬을 얻기 위해 14년을 수일로 여기며 외삼촌 라반의 집에서 일했다. 그런데 결혼한 후 출산 테이프는 언니가 먼저 끊었다. 레아가 연속로 네 아들을 낳는다. 이 네 아들의 이름을 보면 레아가 얼마나 기뻐했는지 알 수 있다.

레아는 첫 아들을 낳고 "하나님께서 내 괴로움을 살펴 주셨다. 이제는 내 남편이 나를 사랑해 주겠지"라는 뜻으로 아들의 이름을 '르우벤'('보아라 아들이다'라는 뜻)으로 지었다. 언니 레아가 아들을 낳는 것을 본 라헬은 부럽기도 하고 샘도 났다. 그런데 얼마 되지 않아 레아가 또 둘째아들을 낳는다. 아들을 낳고는 또 이렇게 자랑한다. "하나님께서 내가 남편으로부터 사랑받지 못하는 것을 들으시고 내게 아들을 주셨구나"라며 아들 이름을 '시므온'(하나님께서 들으셨다는 의미로 '듣는다'는 뜻)이라고 지었다. 라헬의 시샘 온도는 더 올라갔다. 조금 있으니 언니가 또다시 아들을 낳았다는 소식이 들려왔다. 언니의 목소리가 들렸다. "내가 아들을 세 명이나 낳았으니 이제는 남편이 나를 가까이 하겠지"라며 아들 이름을 '레위'('애착'이라는 뜻)라고 지었다. 라헬은 마음이 너무나 아팠다. 그런데 또다시 언니가 임신해서 해산하고는 말한다. "이제는 여호와를 찬양해야지!" 그리고 이름을 '유다'('찬양한다'는 뜻)라고 지었다.

연속으로 아들을 네 명이나 낳는 언니를 보며 라헬은 이성을 잃고 남편 야곱에게 가서 말한다. "나에게도 아이를 주세요. 그렇지 않으면 죽어 버리겠어요." 그러자 야곱이 화를 내며 말한다. "아이를 주시는 분은 하나님이신데 나보고 어찌하란 말이오? 내가 하나님을 대신하란 말이오." 라헬은 마음이 더 상했다. 아마 이때 생긴 심각한 스트레스 때문에 라헬이 빨리 죽었을지도 모르겠다. 라헬처럼 출산에 대한 욕심이 많은 여자도 없었다.

우리도 라헬만큼 영적 해산에 대한 거룩한 욕심을 가지면 얼마나 좋을까? 멸망의 길로 가는 영혼을 향해 인내심을 가지고 몇 달, 몇 년 간절하게 기도한다면 하늘 문이 열리고 부흥의 복이 폭포수처럼 쏟아질 것이다. 해산의 결과는 즐거움이요 기쁨이다. 해산하여 자녀를 낳은 여자는 그 기쁨이 너무나 커서 해산할 때 겪었던 고통을 다시는 기억하지 않는다.

"여자가 해산하게 되면 그 때가 이르렀으므로 근심하나 아기를 낳으면 세상에 사람 난 기쁨으로 말미암아 그 고통을 다시 기억하지 아니하느니라"(요 16:21).

해산은 하나님의 뜻이다

해산은 하나님의 뜻이다. 하나님께서는 자녀의 출산을 제한

하신 적이 없다. 영적인 출산에 대한 욕심은 거룩한 욕심이다. 믿음의 사람들은 이 땅에 거룩한 영향력을 끼쳐야 한다. 죄악이 사라지고 하나님의 뜻이 이루어지는 아름다운 세상을 만들어야 한다. 믿음을 가진 영적 자녀들을 통해 이 땅에 복을 유통해야 하는 것이다. 창세기 1장 28절은 해산이 곧 하나님의 뜻을 이루는 것임을 말씀하고 있다.

> "하나님이 그들에게 복을 주시며 하나님이 그들에게 이르시되 생육하고 번성하여 땅에 충만하라, 땅을 정복하라, 바다의 물고기와 하늘의 새와 땅에 움직이는 모든 생물을 다스리라 하시니라"(창 1:28).

교회는 영적 출산을 열망해야 한다. 모든 성도가 출산에 대한 열망을 가져야 한다. 야곱의 가정 안에서 일어난 출산 경쟁은 열두 명의 아들을 탄생시켰고, 그 열두 명의 아들이 지금의 이스라엘을 이루었음을 기억하자.

> "그리스도 안에서 일만 스승이 있으되 아버지는 많지 아니하니 그리스도 예수 안에서 내가 복음으로써 너희를 낳았음이라"(고전 4:15).

하나님께서는 생명 있는 것들이 모두 자기와 똑같은 개체를 낳도록 창조하셨다. 그렇다면 진정으로 거듭난 영혼은 거듭난 영혼을 계속 낳아야 하는 것이다. 해산에 대한 강한 열망과 소망은 이 세계 역사를 바꾸었다. 한나의 간절한 기도는 사무엘을 낳았다. 아기를 낳지 못했던 룻은 하나님의 은혜로 오벳을 낳고, 오벳은 이새를, 이새는 다윗을 낳았다. 엘리사벳은 늦게까지 자식을 낳지 못하다가 세례 요한을 낳았고, 세례 요한은 "여자가 낳은 자 중에 가장 큰 자"라는 예수님의 칭찬을 들었다.

16세기에 존 낙스는 "스코틀랜드를 제게 주시든지 아니면 죽음을 주십시오"라고 기도했다. 성도가 영적인 자녀를 낳지 못한다는 것은 부끄러운 일이다.

평택대광교회에는 처음으로 복음을 받은 사람들이 많다. 그들 중 복음의 감격을 가지고 매 전도 집회마다 수십 명씩 전도하는 사람도 많다. 복음을 듣고 이혼 위기에 있던 가정이 회복되고, 우울증에 걸렸던 사람이 건강을 되찾고, 삶을 포기하고자 했던 사람들이 교회 안에서 신실한 동역자가 되어 주님을 잘 섬기고 있다.

"저는 철저한 불교 집안에서 태어나 자랐고 친정보다 더 열렬한 불교 집안의 맏며느리로 시집을 왔습니다. 늘 아침에 눈을 뜨

면 불경을 듣는 것이 익숙한 삶이었습니다. 더구나 기독교는 배타적이고 독선적인 종교라고 생각하여 반감을 품고 있었습니다. 그러던 제가 평택대광교회 전도팀을 통해 복음을 듣고 예수님께 천국을 선물로 받았습니다. 제 삶의 목적이 분명해졌습니다. 시댁과 남편의 핍박이 무척 심했지만 고난 가운데 시선을 하나님께로 향하니 승리의 찬양을 부를 수 있었습니다.

제가 예수님을 믿은 후 남편의 회사 동료의 아내를 전도하러 간 적이 있었습니다. 그분은 불심이 강하고 언변도 좋아 저는 제대로 입을 열지도 못했습니다. 그런데 그분은 자폐 증상이 있는 자녀로 인해 신경이 몹시 곤두서 있었습니다. 40세가 되면 자녀와 함께 죽고 싶다고 탄식하곤 했습니다. 그러나 결국 그분은 우리 교회 대각성전도집회로 인도되어 복음을 듣고 예수님을 영접했습니다. 하나님의 자녀가 된 후 그분은 새벽기도에 열심을 내었고, 셋째아이를 출산하는 날도, 출산한 다음날도 새벽기도를 빠지지 않았습니다. 365일 한결같은 모습으로 새벽을 깨우는 멋진 기도의 용장이 된 것입니다. 지금은 순장으로, 전도자로 주님의 몸 된 교회를 섬기는 귀한 동역자가 되었습니다.

어느 날인가는 가게에서 우연히 한 자매를 만나 전도하였습니다. 그 자매는 너무나 새침하고 쌀쌀맞게 행동하며 집으로 찾아가도 문조차 열어 주지 않았습니다. 문전박대의 냉대를 수십 차례 당했지만 포기하지 않고 그 자매를 찾아갔습니다. 그 수고를 주님께서 보시고 그렇게 완강하던 자매가 주님 앞에 나오도록 인도해 주셨습니다. 그 자매는 새가족반을 수료하고 저의 순원이 되었습니다. 순모임 시간에 말씀을 사모하는 진지한 눈빛으로 저를 쳐다보는 모습에 가슴이 뭉클했습니다. 지금 그 자매는 순장으로, 전도폭발 훈련자로, 영혼을 사랑하며 교회를 잘 섬기는 동역자로 쓰임 받고 있습니다.

그렇게 저를 핍박하던 남편과 시부모님도 예수님을 영접하고, 형제들도 모두 구원의 복을 받았습니다. 남편은 제자훈련을 받고 순장으로 파송받아 저의 든든한 후원자, 주님의 동역자가 되었습니다."

"저는 그동안 행복을 찾기 위해 용하다는 절과 무당집을 찾아다녔습니다. 그러나 많은 물질과 건강을 잃고 방황하다가 대광교회 목사님에게 복음을 듣고 예수님을 영접한 후 그날 저녁부터 예배를 드리며 신앙생활을 시작했습니다. 나 같은 죄인을 구원해 주신 은혜가 얼마나 감사한지 모든 예배를 빠짐없이 드리며 하나님의 사랑을 더욱 깨닫게 되었습니다. 예수님을 믿고 교회 다니면서 변화된 저를 보고 놀라워하던 세 딸을 비롯하여 모든 가족이 예수님을 믿는 기적이 일어났습니다.

하나님의 은혜를 저 혼자 누릴 수 없었습니다. 그래서 저는 제가 만난 예수님을 전하기 위해 전도지와 사탕을 항상 가지고 다

닙니다. 교회 버스를 기다리면서 만나는 사람들, 환경미화원들, 술 취한 사람들에게 나누어 주고 전화박스에도 올려 놓았습니다. 그 전도지를 통해 우리 교회에 나와 신앙생활하시고 온 가족이 예수 믿는 가정도 생겼습니다. 택시를 타면 기사님들께도 제가 만난 예수님을 자랑하고 복음을 전했습니다. 그래서 그 택시 기사님들 중 우리 교회에 나와 신앙생활하고 계시는 분도 있습니다.

제 전도 대상자 중에 살림에 관심도 없고, 남편과 아이들을 버려 두고 가정을 돌보지 않는 자매가 있었습니다. 그러다 보니 추운 겨울에도 남편이 회사 간 후에는 아이들 둘이 밥도 못 먹고 떨고 있기 일쑤였습니다. 결국 남편은 이혼하자고 소리쳤습니다. 저는 그 가정이 너무나 안타까워서 아이들에게 먹을 것도 챙겨다 주고 집도 치워 주면서 그 자매를 전도했습니다. 하나님 은혜가 아니면 깨어질 가정이었는데 지금은 믿음생활 잘하는 행복한 가정이 되었습니다.

하나님께서는 아무것도 자랑할 것 없는 저에게 순장이라는 직분까지 주셔서 순원들을 섬길 수 있게 해주셨습니다. 순원들은 모두 저의 기도 동역자이자 전도 동역자로 주님의 몸 된 교회를 위해 합심하고 있습니다."

"아내에게 바치는 노래", "칠갑산" 등의 수많은 히트곡을 작사한 사랑의교회 조운파 집사는 일부러 택시를 타고 기사들에게 복음을 전한다고 한다. 아내가 도박으로 집을 나간 것을 비관하여 세 번이나 자살을 시도한 택시 기사에게 복음을 전했고, 복음을 받고 예수님을 영접한 그 기사는 지금까지 만 명 가까운 사람들에게 복음을 전했다고 한다.

순장은 영적인 자녀를 낳아야 한다. 해산을 향한 거룩한 부담과 열심을 품고 기도해야 한다. 해산의 수고를 통해 구원받는 사람들이 늘어난다면 이 세상은 반드시 변화될 것이다. 한 영혼을 잉태하고 해산하는 수고가 우리의 가정과 직장 그리고 이 민족에 부흥을 가져올 것이다. 우리 모두 이 땅의 여정을 마치고 주님 앞에 섰을 때 이 세상에서 해산한 수고가 큰 기쁨과 자랑이 되어 주님께 칭찬과 큰 상급을 받으면 얼마나 좋겠는가?

3. 교회의 건강도는 순장에게 달려 있다

주님은 자신의 사역을 교회가 계속해서 계승하도록 하셨다. 그러므로 제자의 삶을 살아가는 순장이라면 교회의 지체인 자신을 통해 교회가 건강해지기를 원해야 한다.

순장은 교회를 바로 알아야 한다. 교회를 바르게 알지 못하고 신앙생활을 한다면 순장의 역할을 시민단체의 회원처럼, 학교의 학생처럼, 회사의 중역처럼, 국회의원처럼, 고아원을 운영하는 빈민 사업가처럼, 연예인처럼 생각할 수 있다.

먼저 교회를 바로 알기 위해서는 예수님을 주님으로 모셔야 한다. 예수님을 인격적으로 영접하지 못한 자는 그리스도의 몸인 교회의 지체라고 할 수 없기 때문이다. 예수님은 십자가에 못 박혀 돌아가심으로 교회를 세우셨다. 따라서 교회는 예수님의 피로 값을 치르고 세워졌다. 그러므로 교회의 머리 되신 주님의 비전이 그 몸의 지체인 우리의 비전이 되어야 하는 것이다.

교회는 그리스도의 몸이다

예수님의 위치를 바로 알면 교회의 가치를 알 수 있다. 그리스도는 모든 것 위에 초월해 계시는 분이다. 하나님께서는 그리스도를 모든 지배자, 권세자, 왕, 이 세상과 다음 세상에 있는 그 어느 누구보다도 뛰어나게 하셨다.

> "모든 통치와 권세와 능력과 주권과 이 세상뿐 아니라 오는 세상에 일컫는 모든 이름 위에 뛰어나게 하시고"(엡 1:21).

이 말씀을 기록할 당시 소아시아 지역의 수도였던 에베소에서는 천사 숭배와 우상 숭배가 일반화되어 있었다. 예수님께서는 이 세상의 어떤 경배의 대상과 비교할 수 없는 분이시다. 예수님께서는 모든 것 위에 계신 분이다. 이 세상의 어떤 권세와 능력도 예수님의 권세 앞에서는 보잘것없다.

또한 예수님께서는 이 세상과 오는 세상의 모든 이름 위에 뛰어나신 분이다. 이 세상과 오는 세상은 예수님의 재림을 통해 나누어진다. 믿음이 없다면 이 세상에 모든 초점을 맞추게 될 것이다. 그러나 진정 지혜로운 사람은 이 세상에서 오는 세상을 준비하는 사람이다. 그리스도는 이 세상과 오는 세상의 주관자이시다. 만물을 창조하신 분이요, 죄로 오염된 이 세상을 회복시키는 구세주이시다. 마지막 날 심판주로 오실 영원한 왕이시다.

교회는 바로 이 위대하신 그리스도의 몸이다. 그러므로 순장은 교회가 얼마나 중요한지 알고 교회의 비전을 바로 자신의 비전으로 삼아야 한다.

그리스도는 교회의 머리다

그리스도는 만물을 복종시키시며 통치하시는 분이다. 그분은 찬양과 경배를 받으시기에 합당한 분이다.

사람들이 타락하면 공통적인 현상을 보인다. 그것은 인간을 하나님의 위치에 놓는 것이다. 그러나 사람을 아무리 높여도 이 세상을 창조하신 하나님 앞에서는 보잘것없는 피조물에 불과하다. 예수님께서는 창조자로 이 세상을 통치하며 지배하고 계신다.

예수님께서는 만물 위에 교회의 머리로 계신다. 이 말씀은 교회가 만물 위에 있고, 교회의 머리는 그리스도이시라는 것이다. 하나님께서는 만물을 그리스도의 발 아래 두시고 그리스도를 교회의 머리로 삼으셨다.

"또 만물을 그의 발 아래에 복종하게 하시고 그를 만물 위에 교회의 머리로 삼으셨느니라"(엡 1:22).

예수님을 교회의 머리로 삼으셨다는 것은 예수님의 뜻대로 교회가 움직여야 한다는 의미이다. 아무리 많은 사람들이 각자 다른 주장을 펼쳐도 교회는 주님의 뜻대로 행해야 한다. 머리 되신 주님에 따라 지체인 교회가 움직이면 사역의 열매가 맺히며 변하지 않던 것들이 변한다. 내 자신이 변하고 가정과 이 세상이 변할 것이다. 변화가 일어나지 않는 이유는 내가 머리이기 때문이다.

오늘날 교회는 어떤가? 일부 교회의 중직자들이 주님의 뜻과 무관한 자신의 주장을 내세움으로써 교회가 세속화되어 제 역할을 감당하지 못하여 무력해지고 있음은 안타까운 일이다.

그리스도를 교회의 머리로 모신 교회의 위치는 만물 위에 있다. 교회에는 만물에 영향력을 끼칠 수 있는 힘이 있다는 것이다. 그러나 성도들이 그리스도를 교회의 머리로 모시지 않는다면 교회는 주님의 능력을 상실하고 말 것이다.

순장들이여, 교회의 머리 되신 주님의 뜻을 따르자. 그것이 바로 이 세상을 변화시키는 능력 있는 교회가 되는 길이다.

교회는 생명체다

교회가 그리스도의 몸이라는 것은 곧 교회에 생명력이 있음을 말한다. 그리스도의 몸 된 역할을 제대로 감당하는 교회는 영원한 생명력을 가진다. 영원히 죽을 자를 살리는 신비한 생명력이 있기 때문이다. 사람들은 그리스도의 몸인 교회를 통해 영원한 생명을 얻는다. 예수님 자신이 죽으셨다가 살아나셨듯이 말이다.

그뿐인가? 생명력이 있다는 것은 번식하는 힘이 있다는 뜻이다. 번식이 일어나면 그 시작은 미약할지 모르나 나중에는 엄청난 결과를 가져온다. 역사적으로 교회는 생명력 때문에 결코 파멸할 수 없었다. 교회가 생긴 이래 수많은 사람들이 교회를 파괴하기 위해 노력했다. 정치적인 힘을 가진 황제들, 공산주의자들의 핍박 속에서도 교회는 여전히 굳건히 서 있었다. 프랑스의 계몽 사상가인 볼테르가 가까운 장래에 망할 것이라고 예언한 교회 건물은 지금 영국성서공회 건물로 사용되고 있다. 이러한 수많은 핍박에도 교회는 생명력을 유지하고 있다. 그러나 교회가 복음을 전하지 않는다면 교회는 생명력을 잃고 이 세상에서 그 존재 가치를 찾아볼 수 없게 될 것이다.

교회를 세우는 순장

몸이 아프면 아무 일도 할 수 없기에, 사람은 건강을 지키기 위해 운동을 하고 보약을 먹는다. 이처럼 그리스도의 몸인 교회가 약해지면 제 역할을 감당할 수 없다. 따라서 주님께서는 그리스도의 몸인 교회를 세우기 위해 우리 각자에게 직분을 주셨다.

> "그가 어떤 사람은 사도로, 어떤 사람은 선지자로, 어떤 사람은 복음 전하는 자로, 어떤 사람은 목사와 교사로 삼으셨으니 이는 성도를 온전하게 하여 봉사의 일을 하게 하며 그리스도의 몸을 세우려 하심이라"(엡 4:11-12).

순장은 자신을 통해 그리스도의 몸인 교회가 세워진다는 사실을 기억해야 한다. 모든 직분은 교회를 건강하게 세우기 위해 부여되었다. 따라서 성도 각자가 자신의 위치에서 잘 섬겨야 비로소 교회가 주님의 뜻을 행할 수 있는 것이다. 교회를 이끄는 주체는 지체인 성도들이 아니다. 지체들은 머리 되신 주님께 순종하기만 하면 주님께서는 교회를 이끌어 가시고 보호하신다.

순장이 기억해야 할 것은 주님께서는 자신의 몸인 교회를 지키신다는 사실이다. 교회는 내외부적으로 공격을 받지만 결국 주님께서는 자신의 피로 값 주고 세우신 교회를 결단코 포기하시지 않는다.

지금껏 교회를 분열시키고 교회를 비난하는 사람이 잘되는 것을 본 적이 없다. 교회의 지체요 작은 목사인 순장은 교회가 당하는 어려움을 보며 함께 아파하고 고통스러워해야 한다. 교회의 아픔을 함께 느끼며 애통해야 한다.

그러나 교회를 위한다고 인간적인 방법을 사용하거나 주님의 뜻에 어긋나는 행동을 해서는 안 된다. 교회가 닥친 상황을 방관하거나 심판자처럼 행동하는 것도 안 된다. 상황을 회피하지 말고 희생과 섬김의 자세로 짐을 지는 것이 바로 교회를 세우는 것임을 알아야 한다.

4. 열매 맺는 모임

날이 갈수록 세상은 다변화되고 복잡해지고 있다. 이러한 현상 때문에 사람들은 한 가지 일에 집중하지 못한다. 그리고 편하고 좋은 것들의 유혹을 받아 더 많이 누리고 싶은 욕망으로 더 많은 물질을 그러모은다. 자녀를 향한 높은 교육열을 가진 부모들은 우리 아이가 다른 아이들에게 질세라 학원을 몇 군데 더 보내기 위해 허리띠를 졸라매기도 한다. 이런저런 이유로 남편이 벌어다 주는 돈으로는 부족하여 주부들도 직장으로 나간다.

복잡한 시대를 사는 현대인들은 이런저런 모임에 참여해야 할 일도 훨씬 많아졌다. 이에 따라 가정에서 부모와 자녀, 부부가 함께하는 시간이 줄어들고 있다. 불러 주는 곳은 적어도 갈 곳은 많다. 현대인들은 참으로 분주하게 살지만 실제로 가치 있는 일을 위해 시간을 내는 데 소홀해질 수 있다.

교회도 이런 경향에서 예외일 수 없다. 그 영향은 바로 모임에서부터 나타난다. 교회에서 모이기 위해 각 사람이 낼 수 있는 시간을 맞추다 보면 온전한 모임을 가질 수 없다. 특히 순모임을 인도하는 순장들은 이런 문제에 직면하여 어려움을 겪기도 한다. 그러나 순장이 순모임에 대해 확고한 소신을 세운다면 순원을 더욱 건강하게 양육하고 더 나아가 교회를 건강하게 세우는 데 기여한다는 사실을 기억해야 한다.

갈수록 모이기 어려워진다

이전에는 여름성경학교를 월요일부터 시작해서 토요일 오전까지 진행했다. 교사가 부족한 시절이었다. 나는 중학교 2학년 때 처음으로 주일학교 교사가 되어 여름성경학교 교사 강습회에 참석한 적이 있다. 여름방학이 시작되자마자 이웃 도시의 큰 교회로 가서 5박 6일 동안 강습을 받았다. 여자 교사들은 교회 본당에서 함께 잠을 자고 남자 교사들은 교육관에서 잠을 자며 강습회에 참석했다. 율동과 찬송 시간에 앞에 불려 나가 쩔쩔매며 따라했던 기억이 아직도 새롭다.

그다음 주 월요일부터 시작된 여름성경학교는 정말 축제였다. 교회는 동네 어린아이들로 가득 찼다. "아침 해 웃으면서 솟아오르는…"으로 시작되는 여름성경학교 교가는 그후

로도 한동안 불렸다. 교사들은 점심시간이 되면 교회 집사님들이 정성껏 준비한 식사를 함께했다. 간혹 밥상에 올라온 쇠고깃국은 참으로 맛있었다.

이후 교회를 개척하고 수년 동안 여름성경학교 기간에는 사모인 아내가 식사를 준비했다. 조촐한 시골 밥상이었다. 칼국수나 라면이 전부인 때도 많았다. 김치와 함께 먹는 칼국수와 라면은 참으로 꿀맛이었다.

그러던 여름성경학교가 지금은 1박 2일 또는 2박 3일 정도로 그치고 있다. 그나마 부모와 함께 휴가를 보내고 학원을 다니느라 성경학교에 참석하는 학생들은 해마다 줄어 가고 있다. 참으로 안타까운 일이 아닐 수 없다.

이전에 열린 부흥사경회 역시 교회의 축제였는데, 월요일 밤부터 시작해서 금요일 밤까지 계속되었다. 고등학생이었던 나는 학교 선생님을 초청하기도 했다. 그때 내가 초청한 한 친구는 지금 선교단체에서 간사로 섬기고 있다. 그때는 의자도 없이 마룻바닥에 앉아 강사의 말씀에 귀를 기울였다. 앉을 자리가 없어 빽빽하게 붙어 앉아 말씀을 들었다. 그리고 금요일 밤 설교가 끝나면 함께 찬송을 부르며 환송했다.

"우리 다시 만날 때까지 하나님이 함께 계셔 훈계로서 인도하며 도와 주시기를 바라네. 다시 만날 때 다시 만날 때 예수 앞에 만날 때 다시 만날 때 다시 만날 때 그때까지 계심 바라네…." 3절 정도 부르면 성도들의 눈가에는 눈물이 맺혔다. 강사의 눈시울 역시 촉촉하게 젖어 있었다.

2000년도가 시작되면서 교회에서는 이전 같은 모임을 열기가 어려워지기 시작했다. 제자훈련 시간도 영향을 받게 되었다. 평택대광교회에서 제자훈련을 처음 시작할 때는 남자 팀은 주일 오후 2시부터 시작했다. 제자훈련을 시작하면 말씀의 은혜에 빠져 시간 가는 줄 몰랐다. 서너 시간은 보통이었다.

그러다 주일 오후에 전도폭발훈련이 시작되면서 제자훈련 모임 시간이 평일 밤으로 옮겨졌다. 모이기가 어려운 팀은 수요일 저녁예배 후에 모였다. 수요예배가 끝난 후 8시 30분부터 시작된 제자훈련은 자정을 넘기기가 다반사였다. 제자훈련을 마치고 교회 뒷산을 넘어가며 찬송을 부르던 남자 제자훈련생들의 목소리가 지금도 생생하다.

여자 훈련생들 역시 평일 오전반으로 시작했으나 직장인들이 늘어나면서 여자 직장인 반은 평일 밤으로 옮겼다.

그러다가 점점 밤에 모이는 것조차 어려운 남자 팀들이 생기기 시작했고 새벽시간에 제자훈련을 하기 시작했다. 새벽 4시부터 제자훈련을 시작하고, 5시에는 새벽예배에 참석한 후 이어서 제자훈련을 이어간다. 훈련을 마친 후에는 훈련생들이 돌아가면서 간단한 식사(토스트와 과일 등)를 준비한다. 새벽 4시에 제자훈련에 참석하기 위해서는 새벽 3시 10분에는 일어나 준비해야 한다. 그러나 제자훈련을 마친 후 말씀의 은혜를 받고 돌아가는 형제들을 보면 흐뭇하다.

성경은 모임에 대해 이렇게 강조하고 있다.

"모이기를 폐하는 어떤 사람들의 습관과 같이 하지 말고 오직 권하여 그 날이 가까움을 볼수록 더욱 그리하자"(히 10:25).

마지막이 가까울수록 여러 가지 유혹과 방해로 성도들의 모임이 어려움을 겪게 될 것을 미리 아셨던 모양이다. 모이기를 힘쓰는 것은 하나님의 뜻이다.

모임의 모델

주님은 예루살렘 교회를 통해 교회의 모임이 어떠해야 하는지, 모임의 결과가 어떠해야 하는지를 실제로 보여주셨다.

"그들이 사도의 가르침을 받아 서로 교제하고 떡을 떼며 오로지 기도하기를 힘쓰니라 사람마다 두려워하는데 사도들로 말미암아 기사와 표적이 많이 나타나니 믿는 사람이 다 함께 있어 모든 물건을 서로 통용하고 또 재산과 소유를 팔아 각 사람의 필요를 따라 나눠 주며 날마다 마음을 같이하여 성전에 모이기를 힘쓰고 집에서 떡을 떼며 기쁨과 순전한 마음으로 음식을 먹고 하나님을 찬미하며 또 온 백성에게 칭송을 받으니 주께서 구원 받는 사람을 날마다 더하게 하시니라"(행 2:42-47).

초대 교회 모임은 몇 가지 두드러진 특징이 있다.

첫째, 그리스도의 은혜를 간직하고 살았다. 교회 안의 정상적인 모임이라면 그 모임 안에 언제나 주님이 계셔야 하고 주님을 모신 자들은 주님의 은혜를 간직하며 사역해야 한다. 그러나 교회 안에서 열리는 모임 가운데는 안타깝게도 주님이 계시지 않는 모임도 많다. 이런 점에서 제자훈련은 교회 안의 모임의 가장 좋은 모델이 될 수 있을 것이다.

둘째, 성도들끼리 서로 사랑했다. 예루살렘 교회는 사랑으로 각자의 물질을 나누어 주었다. 어려운 사람에게는 자신의 소유까지 팔아 나누어 주었는데 이러한 모습을 통해 당시 성도의 모임은 친형제보다 가까운 사랑의 공동체였음을 알 수 있다. 우리는 성도들을 그리스도의 몸 된 교회의 지체에 비유하면서 서로 사랑할 것을 강조하신 주님의 뜻을 깨달아야 한다. 지체는 그 어떤 관계보다 사랑으로 맺어져야 한다. 도무지 뗄 수 없는 유기적인 관계이기 때문이다.

셋째, 백성의 칭송을 받았다. 건강한 모임은 주변 사람들을 감동시킨다. 그리고 다른 사람들이 흠모하는 모델이 된다. 교회 모임에 참석하기를 즐겨하는 한 형제는 새벽 시간 말씀을 통해 은혜 받은 다음 30분 일찍 출근하여 작업장 청소와 정리를 항상 해놓는다고 한다. 한 형제는 자신이 직접 후배 직원들에게 차를 한 잔씩 대접하며 가까이 다가감으로써 권위적인 상사의 모습을 탈피하려고 노력하고 있다고 한다.

우리의 직장과 이웃은 모두 선교지이다. 그들에게 칭찬받지 못한다면 결코 그들을 주님께로 인도하기 어렵다. 그런 점에서 예루살렘 교회의 모임은 우리가 본받아야 할 모범적인 모임이었음을 알 수 있다.

넷째, 구원받는 사람이 많아졌다. 어떤 교회 모임이든지 그 모임은 열매가 있어야 한다. 행사나 교제 자체가 목적이 아니라 새로운 생명의 열매가 맺혀야 한다. 교회의 모임은 영혼 구원에 초점이 맞추어져 있어야 하고 그 결과는 구원받는 사람이 많아지는 것이다.

다행히도 교회는 이전부터 이 사실을 잘 알고 있었던 것 같다. 여전도회, 남전도회 같은 교회 모임의 명칭을 통해 알 수 있다. 그런데 실제로 여전도회 회장이 되면 전도하는 일에 열심을 기울일까? 그렇지 못한 것이 문제이다. 모임의 이름처럼 새로운 영혼을 전도하기 위해 전 구성원들이 기도하고 온 힘을 기울인다면 분명 주님께서 기뻐하실 것이다. 그러나 실상은 행사나 업적을 남기기 위해 동분서주하지는 않는지 생각해 보아야 한다.

교회 안에 있는 모임(순모임, 다락방, 사랑방, 구역)이 번식하지 못한다면 이는 열매 맺는 모임이라고 할 수 없다. 제자훈련

역시 전도하는 제자들을 양성하지 못한다면 실패한 제자훈련이라고 해도 틀린 말은 아닐 것이다.

모임에 대한 간절한 마음을 가지면 사탄도 모임을 방해할 수 없다. 모이기를 힘써야 한다. 하나님과 그리고 믿음의 지체들과 교제를 나눔으로써 신앙이 성장하고, 서로의 약함을 채우고, 새로운 깨달음을 얻고 합심한다면 하나님 나라가 확장되어 갈 것이다.

"순원과 저, 단 두 사람으로 시작했던 순모임, 1년 가까이 최선을 다해 섬기며 하나가 되어 가는 순원을 보며 내가 열심을 내야 할 이유를 알게 되었습니다. 그런데 그 순원이 이사를 간다는 말에 얼마나 슬펐는지 모릅니다. 그러나 전도하여 새 순원을 채워 기쁨을 누리라는 목사님의 말씀에 순종하기로 다짐했습니다. 한 영혼 한 영혼 새가족반을 수료하고 순모임에 들어오는 첫 시간, 영적으로 거듭난 그 영혼들을 위해 케이크, 꽃, 선물을 준비하고 축복송을 불러 가며 그들이 순모임을 통해 누리게 될 기쁨과 감격을 미리 맛볼 수 있도록 최선을 다했습니다. 어느덧 우리 순은 아홉 명의 식구들이 예배드리고 있으며 주님께서 그들의 삶의 전 영역을 만지며 간섭하고 계십니다. 저는 그들이 아름답게 성장하는 모습을 보며 진한 감동으로 눈물 흘린 적이 참으로 많습니다.

　한번은 늦은 밤에 한 순원이 다쳐 응급실에 있다는 소식에 필요한 물품을 챙겨 달려갔습니다. 매일같이 그 순원을 핍박하던 남편이 얼마 후 '순장님 진심으로 감사드립니다'라고 감동의 문자를 보내 왔습니다. 이후로는 그 집에서도 순모임 예배를 드릴 수 있는 복을 주셨습니다. 지금은 아낌없는 그 자매님의 섬김으로 순원들이 얼마나 감동을 받는지 모릅니다."

Part 2
나는
어떤 순장인가?

5. 좋은 순장이 되기 위한 자기 점검

레오나르도 다빈치가 자신의 걸작인 "최후의 만찬"을 그릴 때 로마의 한 교회에서 예수님의 모델이 될 만한 사람을 찾았다. 용모가 아름답고 모범적인 성가대원인 '피에트로 반디넬리'라는 청년이었다.

세월이 흘렀지만 그림은 여전히 미완성이었다. 다른 제자들의 얼굴은 모두 그렸지만 단 한 사람 가룟 유다의 얼굴은 그리지 못했기 때문이었다.

다빈치는 죄로 인해 타락한 사람, 일그러진 형상을 가진 사람을 찾던 중 로마의 한 거리에서 가장 비열하게 생긴 사람을 찾았다. 그 사람은 보기만 해도 소름이 끼칠 것 같은 모습이었다. 그 사람을 모델 삼아 가룟 유다의 얼굴을 완성한 후 "당신의 이름이 무엇이요?"라고 물었다. 그러자 그는 대답했다. "나는 피에트로 반디넬리입니다. 예수님을 그릴 때도 내가 모델로 앉아 있었지요."

　이 사실 앞에서 어떤 느낌을 받는가? 나는 한결같이 주님의 제자로 끝까지 살아갈 수 있다고 확신하는가? 주님과 끝까지 함께한 제자들 중에서도 주님을 떠나간 사람이 있다. 자신의 이기적인 욕심을 채우기 위해 교회 사역을 방해하는 성도들도 있다. 영혼을 책임진 순장은 날마다 자신을 쳐서 복종시키고 신앙의 성장을 위해 노력해야 한다.

　"이 모든 일에 전심전력하여 너의 성숙함을 모든 사람에게 나타나게 하라"(딤전 4:15).

　순장은 한 영혼을 천하보다 귀하게 여겨야 한다. 주님께서 너무나 사랑하셔서 자신의 생명까지 내어 주신 그 영혼을 방치하거나 실족시키는 일이 있다면 결코 주님의 책망을 피할 수 없을 것이다.

　"누구든지 나를 믿는 이 작은 자 중 하나를 실족하게 하면 차라리 연자 맷돌이 그 목에 달려서 깊은 바다에 빠뜨려지는 것이 나으니라"(마 18:6).

　오늘날 교회 안에 성도들이 순수성을 잃어가고 있다. 복음을 통한 올바른 신앙이 자리 잡기도 전에 교회 안에 스며든 세상적인 제도와 사상에 물들고, 정치적인 명예욕에 사로잡힌 잘못된 지도자들 때문이다. 그 결과 평신도들은 제 역할을 못하고 결국 교회도 세상의 빛과 소금은커녕 비난의 대상으로 전락하게 되는 것이다.

예수님 당시에도 잘못된 지도자들이 있었다. 그들은 오히려 성도들을 잘못된 길로 인도했다. 예수님께서는 그런 그들을 심하게 책망하셨다.

"화 있을진저 외식하는 서기관들과 바리새인들이여 너희는 교인 한 사람을 얻기 위하여 바다와 육지를 두루 다니다가 생기면 너희보다 배나 더 지옥 자식이 되게 하는도다"(마 23:15).

순장은 작은 목사이다. 교회의 건강과 순원의 건강이 순장 한 사람 한 사람에게 달려 있다고 해도 틀린 말이 아니다. 그러므로 순장은 끊임없이 자신을 점검해야 한다. 나는 어떤 순장인가를 아는 것은 참으로 중요하다. 자신의 사역을 수시로 점검하여 주님께서 원하시는 열매를 맺자.

이번 장에 나타난 여러 순장의 유형을 통해 자신이 어디에 해당되는지 살필 수 있는 기회가 되길 바란다. 자신의 장점은 발전시키고 문제점은 해결하여 주님으로부터 "너는 많은 열매를 맺은 나의 자랑스런 제자였다"고 인정받는 순장이 되길 기대한다.

"너희가 열매를 많이 맺으면 내 아버지께서 영광을 받으실 것이요 너희는 내 제자가 되리라"(요 15:8)

하나님을 기쁘시게 하는가?

순장으로 파송받았는가? 그렇다면 분명한 목표를 세우고 기도를 시작하라. 무조건 앞으로 나아가는 것보다 하나님의 뜻에 합당한 목표를 세우는 것이 좋다. 그러나 그 목표 속에 자신의 욕심이 스며들어서는 안 된다. 하나님의 뜻을 이루어 드리기를 원하는 마음으로 목표를 크게 잡는 것이 좋을 것이다. 하나님께서도 천국 잔치에 많은 사람을 초청하셨다. 그래서 천국 잔치는 큰 잔치이다.

"이르시되 어떤 사람이 큰 잔치를 베풀고 많은 사람을 청하였더니"(눅 14:16).

사도 바울은 처음부터 자신이 그렇게 엄청난 일을 할 것이라고 생각하지는 않았을 것이다. 그러나 바울은 하나님의 마음을 기쁘시게 해드리고자 하는 분명한 목표를 세웠다. 복음 전하는 일에 모든 것을 다 드리기로 작정한 것이다.

하나님께서는 입이 둔하고 재능이 부족한 것을 탓하시지

않는다. 하나님의 뜻을 이루어 드리기를 원하는 마음만 있으면 하나님께서는 부족한 것을 풍성하게 채워 주신다. 순장은 자신이 먼저 주님의 제자임을 명심하고 주님의 뜻을 마음에 품어야 한다. 그리고 하나님의 나라가 확장되길 원하는 마음으로 한 영혼 한 영혼을 전도하여 양육하고 성장시킴으로써 순모임을 번식하여야 한다. 지금부터 마태복음 6장 33절 말씀을 마음에 품고 사역을 시작하라.

> "그런즉 너희는 먼저 그의 나라와 그의 의를 구하라 그리하면 이 모든 것을 너희에게 더하시리라"(마 6:33).

영양실조에 걸려 있지는 않는가?

순장은 하나님과 동행하기 위해 반드시 하루를 큐티로 시작해야 한다. 큐티로 하루를 시작하는 순장은 한결같은 영적 상태를 유지할 수 있을 뿐 아니라 큐티를 통해 누린 은혜를 순원에게 나누어 줄 수 있다.

간혹 순장 가운데 들쑥날쑥하게 큐티를 하거나 방학 기간에는 말씀 묵상과 기도생활을 쉬는 사람이 있다. 이런 순장은 순원을 올바로 이끌어 갈 수 없다. 말씀의 풍성한 꿀을 공급받지 못하면 영적으로 고갈되어 자신도 스스로 지탱하지 못하기 때문이다. 아기가 엄마의 젖을 애타게 빨지만 젖이 나오지 않는다면, 엄마와 아이 모두가 고통스러울 것이다. 바쁘다는 핑계는 대지 말자. 아무리 바빠도 밥 먹을 시간은 있지 않은가? 영적인 식사라고 할 수 있는 큐티도 마찬가지다. 큐티하는 순장의 순원이 성장한다는 사실을 기억하라. 큐티를 제대로 하지 않는 순장의 순원은 아마 영양실조에 걸려 있을 것이다.

간증 일변도의 순모임은 아닌가?

순모임에서는 순원들이 하나님 말씀을 경험하는 것이 중요하다. 살아 있는 하나님 말씀의 권세를 경험한 순원들은 신앙이 무럭무럭 자랄 수밖에 없다. 그러기 위해서는 먼저 순장이 말씀에 대한 확신과 함께 말씀을 경험해야 한다. 순원에게 변화가 일어나지 않는가? 그렇다면 순장이 말씀보다는 자신의 경험과 지식을 순원들에게 주입하고 있지 않은지 점검해 보아야 한다.

특히 간증 일변도의 순모임이 되지 않도록 주의해야 한다. 순모임 시간에 침을 튀기며 간증을 하면 순원들이 그 시간에는 당장 은혜 받는 것 같지만, 좀처럼 성장하는 모습이 보이지 않는다면 다시 한 번 점검할 필요가 있다.

순모임에서 말씀을 경험한 간증을 나누는 것은 유익하다. 그러나 말씀에 기초하지 않고 간증 일변도로 모임을 진행하는 것은 경계해야 한다. 말씀과 관계 없는 간증은 각자의 관심사로 대화의 주제가 흘러갈 수 있고 결국은 자기 자랑으로 이어져 균형 감각을 상실할 수 있기 때문이다. 이런 경우 순원들의 신앙이 제대로 성장하지 않을 수 있고, 추후에 순원들이 다른 순모임으로 이동했을 때 다른 순장에게 적응하지 못할 뿐 아니라 말씀에 흥미를 잃을 수 있는 위험도 있다. 순장은 언제나 하나님 말씀에 순종함으로써 말씀에 기초하여 자신이 누린 은혜를 나누어야 한다는 사실을 명심해야 한다.

전도의 열정이 있는가?

순모임의 기능 중에 하나는 번식이다. 그런데 순장이 전도의 열정이 없다면 순모임은 활기가 사라질 수밖에 없다. 순장이 전도하지 않는 것은 만왕의 왕이신 하나님의 명령을 거역하는 것이다.

순모임의 활기는 전도로부터 시작된다. 순원들은 영적인 자녀가 새로 태어나는 것과, 성장하는 것을 보며 함께 기뻐한다. 동생이 있어야 언니 노릇도 하게 되는 것 아닌가? 전도하지 않는 순모임의 순원은 자연히 줄어들 수밖에 없다. 결국 모든 순원은 영혼을 구원하는 일에 무관심하게 될 것이고 어느 날 순장 혼자만 남아 거울에 비친 자신의 얼굴을 보며 순모임을 해야 하는 날이 올 수도 있다.

부지런한가?

자신의 순에 새로운 순원이 배정되면 순장은 그 순원을 전도한 사람을 만나 순원에 대해 적극적으로 알아 나가야 한다. 그리고 직접 순원을 먼저 찾아가 교제해야 한다. 순원은 자신에게 적극적으로 관심과 사랑을 베푸는 부지런한 순장에게 마음을 연다. 사과나무 밑에서 사과가 떨어지기를 기다리는 마음가짐은 곤란하다.

간혹 순원이 배정되어 전화 통화를 한 후 순모임에서 기다렸으나 오지 않아 문자나 보내는 무책임한 순장도 있다. 그리고는 말한다. "그 형제는 한번도 순모임에 참석하지 않았어요. 순모임에는 관심이 없나 봐요." 제발 그런 변명은 늘어놓지 말자. 오랜 시간 사랑과 희생을 하여 한 영혼을 교회로 인도하고, 새가족반을 수료하고 등록하기까지 애쓴 전도자의 수고를 물거품으로 만드는 행위다. 순원이 배정되면 순장은 그 순원이 성숙할 때까지 전도자와 똑같은 마음으로 부지런히 섬기고 기도하고 찾아가야 한다.

잘못된 권위의식에 사로잡혀 있지는 않은가?

순장의 권위는 섬김에 있다.

보통 신앙생활을 잘하는 것처럼 보이는 순원에게는 소홀하거나 함부로 대하기가 쉽다. 그리고 순장의 권위를 내세워 훈계할 수 있다. 그러나 온순한 순원들은 순장이 이끄는 대로 잘 따라가는 것 같지만 순장을 순장으로 인정하기까지는 시간이 걸린다. 이런 순원에게도 순장은 끝까지 온유하게 대하고 겸손함을 잃지 말아야 한다.

신앙생활을 오래 한 사람일수록 매너리즘에 빠져 있고, 구원에 대한 감격이 식어 있을 수 있다. 말씀을 공부해도 이미 알고 있는 말씀 정도로 받아들이고 잘 실천하지 않아 순장을 힘들게 하는 경우가 많다. 그리고 순장은 오랫동안 신앙생활 한 사람을 향해 어느 정도 기대치를 가지고 있기에 서운함과 분노가 일어나 책망하고 훈계할 수 있다. 그런데 이런 책망이나 훈계는 도움이 되지 않을 때가 많다.

순원을 변화시키는 것은 순장이 아니라 성령이시다. 순원의 부족한 부분을 놓고 간절히 기도하며 섬겨야 한다. 섬김 받는 것을 싫어하는 사람은 없다. 섬김은 마음을 열게 한다. 오랫동안 신앙생활을 한 순원이 있는가? 그렇다면 섬김으로 감동을 주는 일부터 시작하라.

순원의 부족한 모습이나 순원이 잘못한 일에 감정적으로

책망하는 것은 금물이다. 그 순원이 하나님 말씀을 통해 자신의 잘못을 깨닫고 결단하도록 인도해야 한다. 순장이 자신의 권위를 내세워 훈계하다 보면 어느 순간 순원은 마음을 닫아버린다. 물론 한동안은 순장을 따를 수 있을지 모르지만 이런 순원은 어느 시간이 지나면 순모임과 멀어질 수 있음을 기억해야 한다.

순장 사역의 열매는 직분이라는 권위로 맺히는 것이 아니다. 순원에게 부족한 모습이 보이면 긍휼히 여기고 사랑으로 기도해 주어야 한다. 순원을 겸손히 섬기고 기다려 줄 때 순원이 비로소 마음을 열고 순장의 권위를 인정해 줄 것이다.

"교회에 나온 지 10년이 다 되도록 순모임을 드리지 않던 한 순원은 순모임이 자신과는 다른, 특별한 사람들의 모임인줄 알았다고 합니다. 그래서 자신은 낚시 모임이나 술 모임에는 참석해도 순모임에는 왠지 참석하기가 불편했다고 합니다. 순원 대부분이 저처럼 아내의 권유로 신앙생활을 시작하는 순원들이라 교회가 낯설어 적응을 잘 못하고 있었습니다. 제가 먼저 순모임에서 부끄러운 과거들을 고백하자 순원들은 모두 자신에게만 해당되는 이야기인 줄 알았다며 놀라워했습니다. 또 순장도 예전에는 자기들과 같은 부류였던 사실에 친밀감을 느끼는 것 같았습니다. 그러다 보니 서로 자연스럽게 마음의 문을 열게 되어 가정이나 직장의 어려움들을 기도제목으로 내놓고 합심해서 기도합니다. 제가 그랬던 것처럼 순원들도 생활 속에 말씀을 적용시키며 하나님을 알아 가고, 하나님의 인도하심에 기도의 응답을 받고 살아 계신 하나님의 일하심을 체험했다고 기뻐합니다.

지난주 순모임 때 말씀을 나누다가 제가 주차관리 봉사를 7년째 섬기고 있다고 했더니 한 순원이 자기도 내년에는 꼭 화장실 청소나 계단 청소 봉사를 신청하겠다고, 그동안 섬김을 받았으니 이제 교회를 섬기는 일에 쓰임 받고 싶다고 고백했습니다.

저 역시 예전 순장님의 사랑의 섬김과 기도로 믿음이 성장했습니다. 그래서 저는 저희 순원들도 주님의 신실한 일꾼들로 세워져 함께 동역자로 섬길 수 있도록, 아낌없는 사랑과 기도로 인내하며 최선을 다해 순원들을 섬길 것입니다."

끝까지 사랑하는가?

아이를 낳아서 키우는 엄마는 아이의 모든 것을 채워 주기 위해 노력한다. 아이가 잘하지 못하는 것이 있어도 기다려 준다. 부족한 부분이 보여도 안타까워하며 사랑한다. 마찬가지로 순장은 엄마의 마음으로 순원을 사랑해야 한다. 엄마는 어린 아기가 잘못한다고 때리지 않는다. 간혹 철이 덜 든 엄마가 있기는 하다. 똥오줌을 가리지 못하는 아기에게 기저귀를 채우면서 아기 엉덩이를 때리며 신경질을 부리고 큰소리로 혼내는 엄마가 있다면 무슨 말을 해주겠는가? 순장은 엄마의 마음을 가지고 끝까지 사랑해야 한다. 비난하지 말아야 한다. 가장 강력한 힘은 사랑이다. 사랑의 마음으로 끝까지 기다려 주다 보면 어린아이 같던 순원이 어느새 성장해서 이전 순장의 마음을 이해하는 든든한 동역자가 되어 있을 것이다.

교회 사역에 솔선수범하는가?

순장은 순원이 교회 사역에 적극적으로 참여하도록 이끌어야 한다. 교회의 사역이나 훈련에 참여하는 것은 본인에게는 신앙 성장의 유익이 되며, 나아가 교회가 건강하게 세워지는 데 중요한 역할을 한다.

그런데 순장 자신이 사역의 뒷전에 서서 구경만 하거나 교회 사역들을 단지 다른 단계를 위해 거쳐 가는 과정 정도로 생각한다면 순원을 바르게 이끌어 줄 수 없다. 능력 있는 순장은 현장에서 지속적으로 사역하는 순장이다. 사역하며 성령충만한 가운데 은혜를 경험해야 한다. 그래야 순원에게 자신 있게 교회 사역을 권유할 수 있다.

전도폭발훈련을 통해 신앙이 성장하고 복음의 감격을 맛

보는 순원이 참으로 많다. 그런데 순장이 과거에 전도폭발훈련을 받은 것만으로 만족하고, 순원들에게 훈련을 권유하지 않는다면 그 순모임은 전도의 감격을 누리지 못하는 모임으로 전락하게 될 것이다.

 순원은 순장을 보며 배우고 성장한다. 순장이 사역에 적극적으로 참여하고 동역하는 모습을 보일 때 순원 역시 사역에 관심을 가지고 참여하며 믿음이 성장하게 되는 것이다. 교회 사역에 참여하는 과정을 통해 순원은 지체의식을 갖게 되어 교회를 사랑하게 될 뿐만 아니라 하나님께 쓰임 받는다는 자부심을 느끼는, 공동체 의식을 가진 동역자로 성장한다.

순모임을 친목 모임으로 전락시키지는 않는가?

순원들 중에는 순모임을 친목 모임으로 생각하고 참석하는 경우가 있다. 순장이 좋고 순원들과도 마음이 잘 맞는 경우, 그 모임은 결속력도 강해져 모이기에 힘쓰는 분위기가 형성될 수 있다. 그러나 순모임이 그 수준에서 머물면 안 된다. 순장은 순원들이 영적으로 성장하고 있는지 부지런히 살피고 도와야 한다.

 언제나 어린아이 상태로 순모임만 좋아하고 순장만 잘 따른다면 언젠가 그 순모임은 파국을 맞을 확률이 높다. 순장이 바뀌거나 순원들끼리 불화가 생긴다면 곧바로 영향을 받을 수밖에 없을 것이다.

   순장은 순원들이 영적인 군사의 역할을 감당할 수 있도록 이끌어야 한다. 그렇게 하지 못하면 순원을 진정으로 사랑하는 것이 아니다. 순장은 사랑이 많은 어머니의 모습을 가져야 하지만 말씀을 가르칠 때에는 담대하게 전해야 한다.

   좋은 순장은 순원을 성장시키고 훈련시켜 순장으로 파송하고 순모임을 번식시킨다. 지금까지 자신의 순에 순장으로 세워진 순원이 없다면 순장은 자신의 순장 사역을 점검해 보아야 한다. 교제의 즐거움을 누리면서도 항상 순원이 말씀을 먹고 성장하도록 도와주는 순장이 되어야 할 것이다.

주님 안에서 사랑의 교제를 나누고 있는가?

순장은 순원들과 사랑의 교제를 나누도록 노력해야 한다. 먼저 순장은 순원의 문제를 세밀하게 살펴서 기도해 주어야 한다. 순원들을 위해 기도하면 순원들의 신뢰와 존경을 얻는다. 또한 순모임 시간마다 순원들이 각자의 문제를 내놓고 합심해서 기도하며 서로의 문제를 자신의 문제처럼 여기면, 기도가 응답받을 때마다 순원들은 서로에게 감사한 마음을 가지게 될 뿐 아니라 지체의식도 강화된다. 이러한 교제를 통해 순원들은 순모임을 사모하며 서로를 사랑하게 되어 영적으로 아름다운 교제가 넘치게 된다.

주님의 요구에 순종하고 있는가?

순장들 가운데는 자기 위주로 순모임을 인도하는 경우가 있다. 정해진 시간에 순모임을 하는 것이 아니라 자기의 편의에 따라 시간을 자주 옮기는 경우도 있다. 이런 순장들은 순원들의 요구에 맞추어 모임 시간을 자주 변경하는 경우가 많다.

순장은 주님의 요구에 따라 사역한다는 자세를 가져야 한다. 내 필요에 따라 사역을 하면 풍성한 열매를 맺을 수 없다.

순장으로 임명받은 자들 가운데 사역을 사양하는 경우도 있다. 심각한 질병과 같이 합당한 이유가 있는 경우도 있지만, 자신의 마음이 동하지 않아서, 다음에 하고 싶은 마음이 들 때 감당하겠다고 말하는 경우도 있다.

그러나 순장은 언제나 종의 자세를 가져야 한다. 종은 자신이 하고 싶은 것을 하지 않는다. 주인이신 주님께서 요구하시면 언제나 순종하는 것이 바로 종의 자세이다. 주님의 요구에 순종하면 생각지도 못한 결과를 얻을 수 있다. 빌립이 바로 그런 경우다.

빌립이 사마리아에서 전도의 열매를 맛보고 있을 때 성령께서는 그에게 광야로 가라고 명하셨다. 빌립은 아무 말 없이 순종했다. 거기서 에디오피아의 권세 있는 내시를 만났고, 내시는 예수님을 구주로 영접했다. 성경에는 내시의 이후 행적에 대해 기록하고 있지는 않지만, 그 내시를 통해 에디오피아에 복음이 전파되었을 것이며, 그 계기로 복음은 아프리카 대륙으로 뻗어 나가게 되었을 것이다.

나 자신을 중심에 놓고 사역하는 것이 아니라 주님의 요구에 언제든 응답할 준비가 되어 있다면, 주님께로부터 귀하게 쓰임 받을 것이다.

6. 바울에게 배운다 1 _ 순장의 기도

"바울과 테크라 행적"이라는 외경에는 바울의 모습이 잘 묘사되어 있다. 대머리에 두 눈썹은 서로 맞닿아 있고 코는 매부리코였으며, 하얀 다리에 다부진 체격이었다고 한다.

한때 교회를 핍박하던 그는 예수님을 구주로 영접한 후에 위대한 신학자로, 영혼을 사랑하는 목회자로, 소아시아와 로마까지 복음을 전하고 곳곳에 교회를 세운 선교사로 사역하였다. 그는 자신을 예수 그리스도의 종이라고 표현하고 있다.

종의 헬라어는 '둘로스'로, '주인에게 복종하고 주인의 뜻에 따라 사는 노예'를 의미하는데, 바울은 이 말을 사용함으로써 자신이 주인이신 예수님께 절대적으로 복종하고 있음을 나타낸 것이다. 종은 주인의 뜻을 살펴 그대로 행해야 한다. 종에게 자기의 뜻은 없다. 바울은 하나님께서 주신 사명에 정말 철저하게 복종했다.

그리스도의 종인 순장의 기도에는 힘이 있다. 바울은 자신이 전한 복음으로 세워진 빌립보 교회와 성도들을 향한 메시지를 통해 순장의 기도가 어떠해야 함을 가르치고 있다. 바울의 엄청난 열매는 우연이 아니다. 확고한 사역의 정신과 간절한 기도가 있었기 때문에 가능했다. 이번 장에서는 빌립보서 1장을 통해 바울의 기도를 배우도록 하자.

"그리스도 예수의 종 바울과 디모데는 그리스도 예수 안에서 빌립보에 사는 모든 성도와 또한 감독들과 집사들에게 편지하노니 하나님 우리 아버지와 주 예수 그리스도로부터 은혜와 평강이 너희에게 있을지어다 내가 너희를 생각할 때마다 나의 하나님께 감사하며 간구할 때마다 너희 무리를 위하여 기쁨으로 항상 간구함은 너희가 첫날부터 이제까지 복음을 위한 일에 참여하고 있기 때문이라 너희 안에서 착한 일을 시작하신 이가 그리스도 예수의 날까지 이루실 줄을 우리는 확신하노라 내가 너희 무리를 위하여 이와 같이 생각하는 것이 마땅하니 이는 너희가 내 마음에 있음이며 나의 매임과 복음을 변명함과 확정함에 너희가 다 나와 함께 은혜에 참여한 자가 됨이라 내가 예수 그리스도의 심장으로 너희 무리를 얼마나 사모하는지 하나님이 내 증인이시니라 내가 기도하노라 너희 사랑을 지식과 모든 총명으로 점점 더 풍성하게 하사 너희로 지극히 선한 것을 분별하며 또 진실하여 허물 없이 그리스도의 날까지 이르고 예

수 그리스도로 말미암아 의의 열매가 가득하여 하나님의 영광
과 찬송이 되기를 원하노라"(빌 1:1-11).

기대감을 품고

바울은 하나님께서 빌립보 성도들에게 시작하신 선한 일을
끝까지 이루실 것을 기대하고 있다. 그는 자신이 복음을 전한
성도들을 비관적으로 보지 않았다. 언제나 그들을 향한 기대
감을 품고 기도했다.

> "너희 안에서 착한 일을 시작하신 이가 그리스도 예수의 날까
> 지 이루실 줄을 우리는 확신하노라"(빌 1:6).

 순장은 한 영혼이 돌아오기까지 베풀어 주신 하나님의 놀
라우신 사랑을 생각하며 순원을 향한 기대감을 놓지 말아야
한다. 지금은 비록 문제와 부족함을 지니고 있을지라도 하나
님의 말씀을 공급받고 성령을 경험한다면 그 순원이 변화될
수 있음을 믿어야 한다.
 나 역시 실제로 기대하지 않았던 성도들이 제자훈련을 통
해 변화되어 순장으로 잘 섬기고 있는 것을 보며 놀랄 때가
있다. 부모가 자식을 향해 기대감을 가지는 것처럼 순장은 순

원을 향해 끝까지 기대해야 한다.

순원을 위한 기도는 일반적인 수준의 기도에 머물러서는 안 된다. 그 순원이 하나님 나라의 일꾼이 될 것을 기대하며 기도해야 한다. 그러면 하나님께서는 반드시 기도의 내용을 들으시고 응답해 주신다. 오랜 시간이 지나도 영적 어린아이 상태로 머물러 있는 순원이 있다면 기도의 제목을 바울처럼 바꾸고 간절함으로 기도해야 할 것이다.

뜨거운 사랑으로

바울은 감옥에 투옥되어 있으면서도 항상 빌립보 성도들과 지도자들을 생각하며 기도했다. 그들에게 은혜와 평강이 함께하길 간구했다. 은혜는 하나님께서 베푸시는 과분한 호의를 말하는데, 우리는 은혜 안에 거할 때 하나님께서 주시는 내적인 평안을 느끼게 된다. 바울은 비록 감옥에 있었지만 자신이 누리는 은혜와 평강을 성도들도 함께 누리기를 원하며 기도한 것이다. 바울의 마음에 성도들에 대한 사랑이 얼마나 가득 차 있는지 알 수 있는 대목이다.

> "내가 예수 그리스도의 심장으로 너희 무리를 얼마나 사모하는지 하나님이 내 증인이시니라"(빌 1:8).

순장은 순원을 향한 뜨거운 사랑으로 기도해야 한다. 바울처럼 자신을 돌아보지 않고 순원들에게 하나님의 은혜와 사랑이 함께하길, 뜨거운 사랑으로 간구해야 한다.

복음 전파에 힘쓰도록

바울은 빌립보 교회 성도들을 생각할 때마다 넘치는 감사와 기쁨으로 기도했다. 그들이 처음부터 복음 전파에 참여하고 있다는 것은 바울에게 큰 기쁨이었다. 바울은 영혼에 대한 그들의 열정을 참으로 귀하게 여기며 기도했다. 한결같이 복음을 전하는 성도는 바울의 기쁨일 뿐 아니라 주님의 기쁨이 된다는 사실을 알아야 한다.

> "간구할 때마다 너희 무리를 위하여 기쁨으로 항상 간구함은 너희가 첫날부터 이제까지 복음을 위한 일에 참여하고 있기 때문이라"(빌 1:4-5).

순장은 순원들이 복음 전파에 힘쓰기를 소원하며 기도해야 한다. 복음 전파에 합심하는 순원이 있다면 그것은 그 어떤 것보다 감사해야 할 조건이다.

지혜와 총명함을 위해

빌립보 성도들을 사랑한 바울의 마음은 바로 예수님의 마음이었다. 이것이 바로 순장이 배워야 할 마음이다. 바울은 빌립보 성도들의 사랑이 날이 갈수록 커지고, 그 사랑으로 더 풍성한 지식과 통찰력을 갖게 되기를 기도했다.

> "내가 기도하노라 너희 사랑을 지식과 모든 총명으로 점점 더 풍성하게 하사"(빌 1:9).

바울은 자신이 쓴 서신서 여러 곳에서도 성도들의 지혜와 총명함을 위해 기도하고 있다.

> "너희 마음의 눈을 밝히사 그의 부르심의 소망이 무엇이며 성도 안에서 그 기업의 영광의 풍성함이 무엇이며 그의 힘의 위력으로 역사하심을 따라 믿는 우리에게 베푸신 능력의 지극히 크심이 어떠한 것을 너희로 알게 하시기를 구하노라"(엡 1:18-19).

이단 등 우리를 미혹하는 것이 많은 세상이다. 신령한 지혜와 총명을 위해 기도한 바울의 기도를 순장들은 모두 본받아야 할 것이다.

"이로써 우리도 듣던 날부터 너희를 위하여 기도하기를 그치지 아니하고 구하노니 너희로 하여금 모든 신령한 지혜와 총명에 하나님의 뜻을 아는 것으로 채우게 하시고"(골 1:9).

순장은 순모임에서 말씀을 나누기 전, 말씀을 통해 지혜와 총명이 풍성해지기를 기도해야 한다. 말씀을 듣고도 깨닫지 못한다면 아무 유익이 없기 때문이다.

선악을 분별해서 허물없이 주님 앞에 서기를

성도들이 세상에서 빛과 소금의 역할을 감당하지 못하고 세상 사람들로부터 지탄을 받는 이유 중 하나는 선과 악을 분별하지 못하는 삶을 살고 있기 때문이다. 웬만한 죄는 죄로 여기지 않는 세상 풍조가 교회 안까지 들어와 성도들을 미혹하고 있다. 하나님 말씀대로 철저하게 살려는 성도들이 많아져야 교회가 세상에서 제 역할을 감당할 수 있을 것이다.

바울은 성도들이 선과 악을 분별하여 선한 것을 선택할 줄 알게 되어 깨끗하고 흠없는 모습으로 주님 앞에 당당하게 서게 되기를 기도하고 있다.

"너희로 지극히 선한 것을 분별하며 또 진실하여 허물없이 그리스도의 날까지 이르고"(빌 1:10).

순장은 순원의 영적인 성장을 위해 기도해야 한다. 당장 눈앞에 닥친 육적인 부분만을 위해 기도하는 것은 바람직하지 않다. 사도 바울은 자신이 전도한 성도들이 주님 앞에 흠 없는 모습으로 서도록 기도했다. 이러한 기도는 세상에서 사탄의 세력과 싸워야 하는 성도들을 위해 반드시 필요하다.

좋은 지도자를 만난 사람은 자신의 전 생애에 걸쳐 선한 영향을 받는다. 그런 의미에서 바울을 만나 예수님을 믿고 하나님의 자녀가 된 성도들은 참으로 행복한 자들이다. 마찬가지로, 좋은 순장은 자신의 순원에게 평생 좋은 영향을 끼치는 순장임을 기억해야 한다.

7. 바울에게 배운다 2 _ 순장의 마음

사람의 관심은 외모에 있지만 하나님의 관심은 마음에 있다. 성경은 마음의 중요성에 대해 다음과 같이 말씀하고 있다.

> "모든 지킬 만한 것 중에 더욱 네 마음을 지키라 생명의 근원이 이에서 남이니라"(잠 4:23).

그 어떤 것보다 마음을 지키는 것이 가장 중요하다. 마음을 지켜야 죄악을 이기고 참된 생명을 소유할 수 있기 때문이다. 예수님께서는 악한 것은 마음에 들이지도 말라고 경고하셨다. 그래서 마음에 품은 악한 생각까지도 책망하셨다.

율법학자들은 예수님께서 중풍병자를 고치신 것을 보고 마음속으로 '이 사람이 하나님을 모독하는구나'라고 생각했다. 그러자 예수님께서는 "그 생각을 아시고 이르시되 너희가 어찌하여 마음에 악한 생각을 하느냐"(마 9:4)라고 책망하셨다. 예수님께서는 마음을 보고 평가하신다.

인간의 삶의 방향은 어떤 마음을 품고 사느냐에 따라 결정된다. 마음에 따라 미래가 결정된다. 성 아우구스티누스는 "마음이 바른 방향을 향해 있으면 행함도 또한 바르다. 그러나 마음이 바른 방향을 향해 있지 않으면 행함이 바른 것 같아 보여도 바르지 못하다"라고 말했다.

순장은 마음을 지키라는 말씀을 기억하며 사역해야 한다. 그리스도인의 마음은 예수님의 마음을 닮아야 한다. 예수님처럼 생각하고 행동해야 한다. 바울 사도가 빌립보 교회 성도들에게 당부한 "예수님의 마음"을 품으라는 메시지는 바로 순장들이 들어야 할 말씀일 것이다.

"너희 안에 이 마음을 품으라 곧 그리스도 예수의 마음이니 그는 근본 하나님의 본체시나 하나님과 동등됨을 취할 것으로 여기지 아니하시고 오히려 자기를 비워 종의 형체를 가지사 사람들과 같이 되셨고 사람의 모양으로 나타나사 자기를 낮추시고 죽기까지 복종하셨으니 곧 십자가에 죽으심이라 이러므로 하나님이 그를 지극히 높여 모든 이름 위에 뛰어난 이름을 주사 하늘에 있는 자들과 땅에 있는 자들과 땅 아래에 있는 자들로 모든 무릎을 예수의 이름에 꿇게 하시고 모든 입으로 예수 그리스도를 주라 시인하여 하나님 아버지께 영광을 돌리게 하셨느니라 그러므로 나의 사랑하는 자들아 너희가 나 있을 때 뿐 아니라 더욱 지금 나 없을 때에도 항상 복종하여 두렵고 떨림으로 너희 구원을 이루라 너희 안에서 행하시는 이는 하나님이시니 자기의 기쁘신 뜻을 위하여 너희에게 소원을 두고 행하게 하시나니 모든 일을 원망과 시비가 없이 하라 이는 너희가 흠이 없고 순전하여 어그러지고 거스르는 세대 가운데서 하나님의 흠 없는 자녀로 세상에서 그들 가운데 빛들로 나타내며 생명의 말씀을 밝혀 나의 달음질이 헛되지 아니하고 수고도 헛되지 아니함으로 그리스도의 날에 내가 자랑할 것이 있게 하려 함이라"(빌 2:5-16).

사랑의 마음으로

예수님께서 가르쳐 주신 마음은 사랑의 마음이다. 그분은 가장 높은 자리를 버리시고 이 땅에 사람으로 오셨다. 우리를 너무나 사랑하셔서 죄에서 구원하기 위해 영광의 자리를 버리고 오신 것이다. 그리고 가장 낮은 자리에서 사역하셨다.

1936년, 에드워드 8세는 36세의 나이로 영국 왕위에 올랐다. 그런데 그는 이혼 경력이 있는 심프슨 부인과 결혼하기 위해 10개월 만에 왕위를 포기했다. "사랑하는 여자의 내조 없이는 국왕의 중책과 의무를 다할 수 없다"는 것이 그 이유였다. 에드워드 8세에게 심프슨 부인은 참으로 매력있는 여인이었던 모양이다.

우리가 주님으로부터 사랑받을 조건이나 매력이 있는가? 아무리 생각해도 찾아볼 수 없다. 그럼에도 우리를 사랑하셔서 이 땅에 오신 것은 엄청난 은혜가 아닐 수 없다. 예수님께서는 자신의 생명까지 제물로 주시면서 죄인인 우리를 구원해 주셨다. 우리는 엄청난 하나님의 사랑을 받은 자이다.

순장은 이 예수님의 사랑을 마음에 품고 순원들을 바라보아야 한다. 그러다 보면 어느새 부족하고 매력 없는 순원도 사랑하게 될 것이다.

> "그는 근본 하나님의 본체시나 하나님과 동등됨을 취할 것으로 여기지 아니하시고 오히려 자기를 비워 종의 형체를 가지사 사람들과 같이 되셨고"(빌 2:6-7).

자신을 낮추라

예수님께서는 죄 많은 우리를 너무나 사랑하셔서 하늘의 영광을 모두 버리신 채 사람으로 오셨다. 모든 것을 창조하시고 모든 것을 가지신 분, 가장 높으신 분이 모든 것을 다 버리고 이 땅으로 오셨을 뿐 아니라 이 땅에서 가장 낮은 자들과 함께하셨고 종처럼 사셨다.

"오히려 자기를 비워 종의 형체를 가지사 사람들과 같이 되셨고 사람의 모양으로 나타나사 자기를 낮추시고 죽기까지 복종하셨으니 곧 십자가에 죽으심이라"(빌 2:7-8).

자신을 가장 낮추신 예수님께서는 겸손의 모델이시다. 예수님께서 자신을 낮추셨기에 우리도 낮아져야 한다. 겸손은 최고의 미덕이다. 하나님께서는 겸손한 자를 좋아하신다.

"여호와께서는 자기 백성을 기뻐하시며 겸손한 자를 구원으로 아름답게 하심이로다"(시 149:4).

하나님께서는 겸손한 자를 통해 일하실 뿐 아니라 겸손한 자를 높여 주신다. 하나님께서는 겸손하신 예수님을 지극히 높이셨다.

"이러므로 하나님이 그를 지극히 높여 모든 이름 위에 뛰어난 이름을 주사"(빌 2:9).

낮은 자리에 처하는 사람일수록 하나님께서는 그를 귀하게 보시고 높여 주신다. 하나님께서는 가장 낮은 자리에 처한 예수님을 최고의 높은 자리에 올리시고, 모든 이름 위에 뛰어나게 하셨다. 하나님께서는 예수님을 더 이상 올라가지 못할 자리까지 높여 주셨다.

"모든 입으로 예수 그리스도를 주라 시인하여 하나님 아버지께 영광을 돌리게 하셨느니라"(빌 2:11).

그뿐만이 아니다. 그리스도인이 낮은 자리에서 살아갈 때 하나님께서 영광 받으신다. 순장이 겸손하면 하나님의 이름이 높임을 받으신다.

직장에서 교만하던 상사가 예수님을 믿고 겸손해지면 사람들이 살아 계신 하나님을 인정하고 믿게 된다. 가정에서 교만하던 남편이나 아내가 겸손해지면 가정이 화목해진다. 그리고 그런 과정을 통해 하나님께서 영광을 받으신다. "우리 가정이 예수님 때문에 이렇게 화목하게 되었어요!"

하나님의 기쁘신 뜻을 이루기 위해

예수님의 마음을 품으면 삶의 모습과 목표가 바뀐다. 이전에는 자신만을 위해 살았다면, 이제부터는 하나님을 기쁘시게 해드리기 위해 살게 된다. 하나님을 기쁘시게 해드리기를 원하는 삶을 살면 삶 속에서 하나님의 도우심을 경험한다.

"너희 안에서 행하시는 이는 하나님이시니 자기의 기쁘신 뜻을 위하여 너희에게 소원을 두고 행하게 하시나니"(빌 2:13).

우리가 하나님께서 기뻐하시는 일을 하려고 하면 하나님께서는 힘과 능력으로 우리를 도우신다. 우리는 살아가면서 사람으로서는 도무지 이룰 수 없을 것 같은 놀라운 일을 이룰 때가 있는데, 이는 결국 하나님께서 도우셨기 때문이다.

그리스도의 마음을 품고 사는 순장은 하나님께서 도우심으로 많은 열매를 맛보게 되며, 그 풍성한 결과에 자신도 놀라게 될 것이다.

모든 일을 원망과 시비 없이

그리스도 예수의 마음을 품고 살면 말과 행동이 바뀐다. 사람들은 쉽게 원망을 품는 경우가 많다. 근대철학의 시조로 불리는 프랑스의 철학자 데카르트는 이렇게 말했다. "남을 증오하는 감정이 얼굴의 주름살이 되고, 남을 원망하는 마음이 고운 얼굴을 추악하게 한다."

원망은 인류의 가장 오래된 죄라고 할 수 있다. 원망은 자신의 문제를 다른 곳으로 돌려 탓하는 것을 말한다. 아담은 자신이 지은 죄를 하나님의 탓으로 돌렸다. 하나님의 뜻을 행하지 않고 선악과를 따 먹은 것은 자신의 잘못이 아니라 하나님께서 자신에게 주신 아내 때문이라고 하나님을 원망하였다.

원망은 자신을 살피지 못하는 어리석음 때문에 생긴다. 원망은 미움으로 발전하여 자신의 영혼을 부패시킨다. 그런 이유로 하나님께서는 원망을 심각하게 받아들이셨다. 원망은 불이 타기 전에 솟아오르는 연기와 같다. 이스라엘 백성들은 하나님을 거스르고 반역하기 전, 먼저 원망부터 시작했다.

바울은 무슨 일이든 원망하지 말라고 했다.

"모든 일을 원망과 시비가 없이 하라"(빌 2:14).

원망과 함께 따라오는 것이 시비이다. 비판과 다툼은 원망에 반드시 뒤따라 오는, 뗄 수 없는 관계에 있다. 이러한 원망은 미련한 것으로 일의 결과를 그르치게 한다.

"사람이 미련하므로 자기 길을 굽게 하고 마음으로 여호와를 원망하느니라"(잠 19:3).

특히 순장이 순원이나 목회자를 원망하면 사역을 그르칠

수 있다는 것을 염두에 두고 매사에 원망하지 않도록 조심해야 한다. 오히려 감사의 제목을 찾아 적극적으로 감사하면 성령의 도우심으로 사역을 잘 감당할 수 있게 된다. 원망을 일삼는 순장은 사역의 열매가 없는 경우가 많다. 어떤 경우에도 원망은 정당화할 수 없는 일임을 알아야 할 것이다.

주님 앞에 가서 자랑할 것이 있도록

생각이 바뀌고 말이 바뀌고 삶이 바뀌면 세상에서 좋은 영향력을 끼칠 수밖에 없다. 빛과 소금의 역할을 잘 감당하게 되기 때문이다. 그리고 삶 자체로 생명의 말씀을 드러내게 된다.

> "이는 너희가 흠이 없고 순전하여 어그러지고 거스르는 세대 가운데서 하나님의 흠 없는 자녀로 세상에서 그들 가운데 빛들로 나타내며"(빌 2:15).

순장은 순원의 모델이다. 삶의 모범을 보이면서 말씀을 전하면 그 말씀에는 마음을 울리는 호소력이 있다. 그리스도의 마음을 품고 사는 삶이야말로 확실한 메시지가 된다고 할 수 있다.

이런 순장은 주님 앞에 가서 이 땅에서 보낸 자신의 삶을 자랑할 수 있을 것이다. 그리스도인이라면 주님 앞에 가서 자랑할 거룩한 욕심이 있어야 한다. 주님 앞에서 자랑하기 위해서는 먼저 예수님의 마음을 품어야 한다.
　우리 모두 주님 앞에 가서 자랑하자. "주님 저는 예수님의 마음을 품고 섬겼습니다."

　"생명의 말씀을 밝혀 나의 달음질이 헛되지 아니하고 수고도 헛되지 아니함으로 그리스도의 날에 내가 자랑할 것이 있게 하려 함이라"(빌 2:16).

Part 3
순원을 살리는
순장

열매 맺는 순장

8. 한 영혼에 대한 비전

순장은 한 영혼의 중요성을 알아야 한다. 한 영혼 한 영혼이 천하보다 귀하다. 나에게 맡겨 주신 영혼은 바로 하나님께서 지극히 사랑하시고 예수님께서 십자가의 고통으로 낳은 귀한 존재임을 알아야 한다. 그들은 함부로 대하거나 방치할 수 없는 존재이다.

순장이 어떻게 하느냐에 따라 한 영혼이 주님의 제자로 설 수도 있고, 예수님을 만나지 못하고 진노의 자식이 되어 영원한 지옥으로 갈 수도 있다. 순장은 순원을 올바르게 양육하고자 하는 간절한 마음을 품고 말씀과 기도로 하나님의 지혜를 구해야 한다. 그리고 순원의 영적인 상태를 파악하는 것이 중요하다. 순원의 상태에 따라 그 상황을 대처하는 방법과 양육하는 방법이 달라야 하기 때문이다.

갓 태어난 순원

순장은 예수님을 구주로 영접하여 갓 태어난 순원을 자신의 자녀처럼 여기며 사랑으로 돌봐야 한다. 어머니의 마음을 가지고 양육하는 데 열과 성을 다해야 한다. 태어난 아이를 그대로 방치해 두는 어머니는 없다. 어머니는 자녀의 반응에 세밀하게 대처해야 한다.

갓 태어난 영적 어린아이에게는 지극한 정성을 쏟아야 한다. 사랑과 성실함으로 때를 따라 필요한 것을 공급해야 한다. 아이가 심하게 보채거나 응석을 피울 때도 있을 것이다. 그럴 때는 너그럽게 받아 주며 아이가 성장하기를 기다려야 한다. 간혹 어떤 어머니는 아이가 운다고 사람들 앞에서 심하게 때리는 경우도 있다. 이유도 묻지 않고 윽박지르는 것으로는 아이를 결코 올바르게 양육할 수 없다. 자녀가 말귀를 알아들을 때까지 기다려 주어야 한다.

혼자서 서지도 못하는 순원에게 빨리 걸어갈 것을 요구하는 것도 지혜롭지 못하다. 이런 경우 예수님을 구주로 영접하고 잠시 기쁨으로 신앙생활하다가 순장의 요구에 따라가지 못한다는 부담감에 마음을 닫을 수도 있다. 그렇다고 걸어갈 수 있는 순원을 가만히 앉혀 놓고 계속해서 모든 것을 갖다 바치는 것도 어리석은 일이다. 이런 경우 순원이 걷지 못하는 상태에서 성장이 멈출 수 있기 때문에 주의해야 한다. 기다려 주는 인내의 마음과 때에 맞게 인도하는 지혜가 필요하다.

성장 가능성을 보이는 순원

순원 가운데 성장 가능성을 보이는 순원이 있으면 순장은 용기를 얻게 된다. 그런 순원은 순모임에서 다른 순원에게까지 좋은 영향력을 끼치기 때문이다. 이런 순원은 말씀을 경험하기도 하고 기도 응답을 받기도 하면서 신앙 성장의 가능성을 보인다. 이때 순장은 타이밍을 잘 맞추어야 한다. 타이밍을 놓치면 성장이 멈출 수 있기 때문이다.

순장은 정기적인 심방을 통해 순원의 필요를 채워 주어야 한다. 순장의 인도에 잘 따라온다고 안심하고 소홀히 대하지 않도록 조심해야 한다. 성장 가능성이 있기에 오히려 마음으로 정성껏 섬겨야 하는 것이다.

오래 전, 한 순원이 순모임 방학이 끝난 후 평소와 다른 모습을 보이기 시작했다. 순모임에도 불참하고 순장의 말을 귀담아 듣지 않는 불성실한 태도를 취하는 것이다. 이유를 알아본 결과 순모임 방학 기간 동안, 이단에 속한 사람들과 교제를 나누고 그들과 공부를 한 것이었다. 순장은 방학 기간에 평소처럼 순원을 심방하지 못한 것을 후회할 수밖에 없었다.

순장은 한순간도 순원에 대한 관심과 사랑을 놓으면 안 된다. 타이밍을 놓치지 말고 이끌어 주어야 한다. 때가 되면 학습과 세례를 받도록 도와주고 필요한 훈련에 참여할 수 있도록 도와야 한다. 기도생활을 할 타이밍이라고 생각되면 기도할 수 있도록 도와주고, 전도 프로그램에 참여할 때가 되었다고 판단되면 전도 프로그램에 참여하도록 도와야 한다. 그렇게 하기 위해서는 순장이 먼저 참여하는 모범을 보여야 한다. 순원은 순장을 닮아 가기 때문이다.

각 순모임마다 특성이 있다. 순장이 잘 섬기면 순원들도 잘 섬긴다. 순장이 전도를 잘하면 순원들도 전도에 열심이다. 어떤 순모임은 거의 모든 순원이 새벽기도에 잘 참석하기도 한다. 그러나 말로만 인도하는 순장에게는 열매가 좀처럼 열리지 않는 것을 본다.

구원의 확신이 없는 순원

순장은 순원이 구원의 확신을 가지고 있는지 살펴야 한다. 구원의 확신이 없는 순원은 결코 성장하지 않는다. 순장이 좋고 순원들과 교제를 나누는 것이 좋아 순모임에 참석할 수는 있어도 결코 신앙을 오래 지속할 수는 없다. 구원의 확신이 없는 순원이라면 다시 복음을 듣도록 해주어야 한다.

평택대광교회에서는 방학 기간에 순장들이 순원들과 함께

새가족반에 들어와 복음을 다시 듣는 경우가 있다. 이미 구원의 확신이 있는 사람이 복음을 다시 듣는 것은 그다지 큰 도움이 되지 못할 것이라고 생각하는 것은 착각이다. 복음을 들으면 들을수록 새 힘을 공급받고 더욱 확신을 가지게 되기 때문이다. 특히 구원의 확신이 없던 순원이 전도폭발훈련을 통해 복음을 접하면서 구원의 확신을 가지는 경우가 생각보다 많다. 복음은 언제 들어도 큰 능력이 임한다.

　구원의 확신이 없이 순모임에 꾸준히 참석하던 한 순원이 순장을 5년 동안이나 힘들게 하는 것을 본 적이 있다. 순장은 가장 먼저 순원이 예수님을 인격적으로 영접했는지 확인해야 한다.

상처가 많은 순원

작은 일에도 쉽게 화를 내거나 민감하게 반응하는 순원이 있다면 그는 상처가 많은 사람일 확률이 높다. 이런 사람은 인정받지 못하거나 소외 당한다는 느낌을 받으면 견디지 못한다. 다른 사람의 권면도 잘 받아들이지 않는 경우가 많다. 그리고 자신의 생각에 갇혀 사소한 일을 오해하기도 한다. 마음에 맞지 않는 부분이 있으면 순장과 순원들을 힘들게 하기도 한다. 그런데 이런 사람이 칭찬을 받으면 정말 헌신적으로 열심히 섬기는 것을 볼 수 있다.

이런 순원에게 순장은 부모 같은 마음으로 다가가야 한다. 순원이 마음속에 안고 있는 상처를 붙잡고 간절히 기도하며 성령의 도우심을 구해야 한다. 사랑의 마음을 가지고 인내하며 그 마음을 받아 줄 때 순원은 마음의 문을 열고 다가오게 된다. 부모 같은 따뜻한 사랑은 문제를 해결할 수 있는 강력한 힘이다.

이와 함께 하나님 말씀으로 양육해야 한다. 하나님의 말씀으로 해결하지 못할 문제는 없기 때문이다. 자신의 힘이 아닌 하나님의 말씀으로 해결할 수 있다는 확신을 가지고 섬기면 그 순원은 반드시 좋은 일꾼으로 성장하게 될 것이다.

"여호와의 말씀이니라 내 말이 불 같지 아니하냐 바위를 쳐서 부스러뜨리는 방망이 같지 아니하냐"(렘 23:29).

잘못된 신앙관을 가진 순원

하얀 백지에 그림을 그리는 것은 쉬워도 이미 그림이 그려진 종이에 다시 그림을 그리는 것은 힘이 든다. 오랫동안 신앙생활을 했지만 잘못된 신앙관을 가지고 있는 경우가 그런 경우이다. 이때 순장에게 가장 필요한 것은 영적 권위이다. 순장의 영적 권위는 하나님을 사랑하고 말씀 앞에 순종할 때 생긴다. 순장이라는 직분을 내세워 가르치고 훈계하려는 태도를 보이는 것은 오히려 역효과를 낼 수 있다. 오히려 순원은 자신을 겸손하게 섬기는 순장에게 마음을 연다.

무엇보다 순장의 진정성은 큰 영향을 끼친다. 순장은 순원을 대할 때 그가 그리스도 안에서 지체임을 인식하여야 한다. 지체라는 사실을 인식하면 부족한 점이나 문제점이 보여도 그 부분을 안타깝게 여기고 기도할 수 있기 때문이다.

또 한 가지, 순장은 긴장을 늦추지 말아야 한다. 인간적인 생각 때문에 순원의 허물을 다른 사람에게 이야기하거나 그 사람에 대해 불평의 말, 부정적인 말을 하게 되면 순장의 영적 리더십은 사라진다. 순원들이 더 이상 순장에게서 배울 것이 없다고 생각한다면 순모임은 인간적인 교제의 모임으로 전락할 수밖에 없을 것이다. 그러므로 순장은 언제나 깨어 경건생활에 최선을 다해야 한다.

9. 화평을 이루는 순장

주님이 계신 곳에 나타나는 두드러진 특징은 바로 화평이다. 메시아가 임재하시는 나라는 화평의 나라이기 때문이다. 이 새의 줄기에서 나실 평화의 왕 예수님께서 오시면, 먹고 먹히는 짐승의 세계도 서로에게 아무런 해를 주지 않고 평화롭게 공존하게 될 것을 이사야 11장 6-9절에서 말씀하고 있다.

"그 때에 이리가 어린 양과 함께 살며 표범이 어린 염소와 함께 누우며 송아지와 어린 사자와 살진 짐승이 함께 있어 어린 아이에게 끌리며 암소와 곰이 함께 먹으며 그것들의 새끼가 함께 엎드리며 사자가 소처럼 풀을 먹을 것이며 젖 먹는 아이가 독사의 구멍에서 장난하며 젖 뗀 어린 아이가 독사의 굴에 손을 넣을 것이라 내 거룩한 산 모든 곳에서 해 됨도 없고 상함도 없을 것이니 이는 물이 바다를 덮음 같이 여호와를 아는 지식이 세상에 충만할 것임이니라."

주님께서 계시지 않는 곳에는 어디를 가도 다툼과 미움이 있다. 순수하고 천진난만한 어린아이들까지도 서로 싸우는 것을 본다. 서로 그렇게 사랑하여 가정을 이룬 부부까지 다툼으로 서로가 상처를 안고 살아가는 경우가 많다.

폭력과 갈등, 반목으로 가득 찬 이 세상에서 빛과 소금의 역할을 감당해야 할 교회 안에까지 분쟁이 번지고 있다. 마음속에 주님을 모시지 못한 자들로 인해 벌어지는 분쟁으로 교회는 세상의 법정에서까지 수모를 당하고 있다. 참으로 마음 아픈 일이 아닐 수 없다.

주님과 함께하는 3년 동안 제자들이 마음깊이 배운 것은 화평의 도였다.

"이에 열둘을 세우셨으니 이는 자기와 함께 있게 하시고 또 보내사 전도도 하며"(막 3:14).

예수님께서는 가시는 곳마다 화평하게 하셨다. 인간의 죄 문제를 해결해 주심으로써 먼저 하나님과 화평하도록 하셨고, 또한 자신에 대한 불만을 해결하여 자신과 화평하게 해주셨다. 그리고 하나님의 사랑을 마음에 품게 하심으로써 이웃과 화평하게 하셨다. 가는 곳마다 화평하게 하신 주님의 사역은 제자들에게는 큰 감동이었을 것이다.

화평을 깨뜨리는 자들에게 나타나는 특징은 욕심과 교만이다. 자신의 욕심을 채우려고 하는 자들은 가는 곳마다 다툼을 일으킨다. 그래서 교만한 자들은 다른 사람과 결코 화평할 수 없다.

예수님께서는 서로 자신이 잘났다고 우기던 제자들을 향해 일침을 가하셨다. 그들은 그후 불화하거나 다투는 일을 멈추고 주님의 지상명령을 지켜 모든 민족을 제자 삼는 사역에 온 힘을 다하게 되었다.

또한 주님께서는 산상수훈을 통해서도 화평이 얼마나 중요하고 가치 있는가를 말씀하셨다.

"화평하게 하는 자는 복이 있나니 그들이 하나님의 아들이라 일컬음을 받을 것임이요"(마 5:9).

화평하게 하는 자들은 하나님의 아들이라고 불린다고 하셨다. 화평하게 하는 자는 하나님으로부터 가장 사랑받고 중요하게 여김을 받는다. 이와는 반대로 화평을 깨뜨리고 불화하는 것은 사탄이 가장 바라는 일이다. 불화나 분쟁을 일으키는 자들은 결코 하나님의 뜻을 이루어 드릴 수가 없다.

제자들은 열매 맺는 자들이다. 그런 제자들이 분쟁을 조장하거나 다투며 살 수 없다. 주님의 제자들은 다툼이 있는 곳에 화평을 심어 의의 열매를 맺는다는 사실을 명심해야 한다.

"화평하게 하는 자들은 화평으로 심어 의의 열매를 거두느니라"(약 3:18).

오늘날 교회가 화평하지 못하고 다투는 것은 주님의 마음을 가진 제자의 수가 적거나 없기 때문이다. 교회의 규모가 크고 직분자들이 많아도 주님의 제자가 적은 교회는 화평한 교회가 될 수 없다. 화평하지 못한 교회는 당연히 하나 되지 못할 것이고 그 결과 주님께서 명령하신 교회로서의 사역을 감당하지 못할 것이다. 화평하지 못해 하나 되지 못한 교회는 복음을 전할 수 없다. 그래서 주님께서는 십자가에 못 박히시기 전에 하나 되게 해달라고 간절히 기도하신 것이다.

"아버지여, 아버지께서 내 안에, 내가 아버지 안에 있는 것 같이 그들도 다 하나가 되어 우리 안에 있게 하사 세상으로 아버지께서 나를 보내신 것을 믿게 하옵소서"(요 17:21).

주님의 제자라면 주님의 뜻을 마음에 품고 산다. 제자들은 각자 배경과 성격, 그리고 출신이 다를지라도 주님께서 맡기신 사명을 감당하기 위해서는 하나가 될 수밖에 없다.
실제로 평택대광교회도 제자훈련을 시작하기 전에는 쉽게

다투고 쉽게 교회를 옮기는 자들이 많았다. 그러나 제자훈련을 통해 주님의 제자로서 살기를 원하는 자들이 많아지면서 다툼이 줄어들었다. 제자훈련을 시작한 지 25년이 지난 지금까지 직분자나 순장이 다투고 교회에 물의를 일으킨 적은 거의 없었다. 주님의 제자 된 순장들은 순모임에서 화평하게 하는 자로서 스스로 모범을 보여주었다.

교회마다 주님의 제자가 많아져야 화평을 이루어 이 땅을 변화시킬 수 있다. 교회의 화평을 위해 새로운 강령을 만들어 개혁을 외치거나 조직을 만들어도, 제자가 없다면 그 역시 교회를 시끄럽게 하는 메아리로 그치게 될 것이다.

10. 순장과 명예욕

보편적으로 사람들이 가진 욕심 중 하나가 명예욕이다. 명예욕은 다른 사람으로부터 인정받고 싶은 마음에서부터 시작된다. 다른 사람으로부터 박수를 받는 것을 싫어할 사람은 없다. 그러나 주님은 제자들이 이 세상에서 인정받는 것에 집착하는 것이 잘못임을 말씀하셨다. 마음 깊은 곳에 자리 잡은 잘못된 욕심에 대해 경계하시고 책망하신 것이다.

이런 마음은 명예욕에 사로잡힌 부모가 자녀들에게 물려준 유산이라고도 할 수 있다. 부모는 자녀가 출세하여 명예를 얻기를 원한다.

예수님의 제자 중 야고보와 요한의 어머니가 예수님을 찾아와 주의 나라에서 두 아들 중 하나는 우편에 하나는 좌편에 앉혀 달라고 부탁했다. 이를 본 다른 제자들이 분하게 여기자 예수님께서 제자들의 잘못을 지적하셨다.

또한 제자들은 예수님과 함께한 3년이 끝날 즈음인 마지막 만찬에서 누가 크냐는 문제로 언쟁을 일으킨다.

> "예수께서 제자들을 불러다가 이르시되 이방인의 집권자들이 그들을 임의로 주관하고 그 고관들이 그들에게 권세를 부리는 줄을 너희가 알거니와 너희 중에는 그렇지 않아야 하나니 너희 중에 누구든지 크고자 하는 자는 너희를 섬기는 자가 되고 너희 중에 누구든지 으뜸이 되고자 하는 자는 너희의 종이 되어야 하리라"(마 20:25-27).

이 말씀은 사람을 마지막까지 유혹하는 명예를 경계해야 함을 강조하신 것이라고 할 수 있다. 오늘날에도 종종 교회 안에서 감투 싸움이 벌어지고 있다. 이 싸움으로 인해 하나님의 교회가 세상으로부터 조롱과 멸시를 당할 뿐 아니라 복음 전파의 사명을 감당하지 못하게 되었다.

명예욕에 사로잡혀 있는 동안은 하나님으로부터 쓰임 받을 수 없다. 예수님께서는 복음으로 하나님의 나라가 이 땅에 확장되기를 원하신다. 예수님은 자신이 하나님께서 위임하신 구원 사역을 잘 감당하시고 성취하신 것처럼 제자들 역시 복음 전파의 사명을 맡아 잘 감당하기를 원하셨다. 그러나 주님께서는 인정받고 섬김 받기를 원하는 자들, 명예욕을 가진 자는 결코 하나님 나라의 사역을 감당할 수 없다고 말씀하셨다.

언쟁이 일어나 분위기가 험악해진 마지막 만찬 자리에서 주님께서 하신 말씀을 다시 한 번 기억해야 한다.

> "또 그들 사이에 그 중 누가 크냐 하는 다툼이 난지라 예수께서 이르시되 이방인의 임금들은 그들을 주관하며 그 집권자들은 은인이라 칭함을 받으나 너희는 그렇지 않을지니 너희 중에 큰 자는 젊은 자와 같고 다스리는 자는 섬기는 자와 같을지니라 앉아서 먹는 자가 크냐 섬기는 자가 크냐 앉아서 먹는 자가 아니냐 그러나 나는 섬기는 자로 너희 중에 있노라 너희는 나의 모든 시험 중에 항상 나와 함께 한 자들인즉 내 아버지께서 나라를 내게 맡기신 것 같이 나도 너희에게 맡겨 너희로 내 나라에 있어 내 상에서 먹고 마시며 또는 보좌에 앉아 이스라엘 열두 지파를 다스리게 하려 하노라"(눅 22:24-30).

또한 예수님께서는 높은 자리에 앉기를 즐겨하던 바리새인과 서기관들을 무섭게 책망하셨다.

> "화 있을진저 너희 바리새인이여 너희가 회당의 높은 자리와 시장에서 문안 받는 것을 기뻐하는도다"(눅 11:43).
> "긴 옷을 입고 다니는 것을 원하며 시장에서 문안 받는 것과 회당의 높은 자리와 잔치의 윗자리를 좋아하는 서기관들을 삼가라"(눅 20:46).

제자들은 이 세상 사람들에게 인정받고 박수 받기를 원하는 마음을 내려놓고 주님에게 인정받고자 하는 거룩한 욕심을 가져야 한다. 이 세상의 칭찬은 잠깐 동안 자신을 만족시켜 주지만 주님의 인정은 영원한 기쁨과 위로가 된다는 사실을 기억해야 한다. 주님으로부터 인정받고자 하는 열망이 많으면 많을수록 하나님 나라에서 더욱 귀하게 쓰임 받게 될 것이다.

사도 바울은 주님으로부터 인정받기 위해 자신이 예수 믿기 전에 자랑하던 것들을 배설물로 여겼다.

> "또한 모든 것을 해로 여김은 내 주 그리스도 예수를 아는 지식이 가장 고상하기 때문이라 내가 그를 위하여 모든 것을 잃어버리고 배설물로 여김은 그리스도를 얻고"(빌 3:8).

그리고 그는 주님께 인정받기 위해 누구보다 더 많이 수고했다. 누구보다 주님께서 주시는 상급에 대한 욕심이 강했다. 그는 하나님 앞에서 면류관을 받게 될 것이라고 확신에 차서 자랑했다. 그는 또한 자신처럼 다른 이들도 면류관을 받게 되기를 원하고 있다.

> "이제 후로는 나를 위하여 의의 면류관이 예비되었으므로 주 곧 의로우신 재판장이 그 날에 내게 주실 것이며 내게만 아니

라 주의 나타나심을 사모하는 모든 자에게도니라"(딤후 4:8).

잠깐 동안 사람들에게 인정받고자 하는 마음이 얼마나 어리석고 부질없는 것임을 알게 되면 영원한 상급을 주시는 주님께 인정받고자 하는 열망을 품게 된다. 보이는 것은 잠깐이지만, 보이지 않으나 하나님께 인정받는 것이야말로 영원히 가치 있는 일임을 아는 자가 바로 제자이다.

"우리가 주목하는 것은 보이는 것이 아니요 보이지 않는 것이니 보이는 것은 잠깐이요 보이지 않는 것은 영원함이라"(고후 4:18).

하나님으로부터 인정받고자 하는 간절함이 있는가? 그렇다면 두 가지를 명심해야 한다.

첫째, 먼저 종이 되라.

"너희 중에 누구든지 으뜸이 되고자 하는 자는 너희의 종이 되어야 하리라"(마 20:27).

종의 자세를 가지지 않으면 매사에 자신의 욕심을 채우며 살아가기 때문에 만족함이 없다. 자신이 한 일에 대해 충분히 대가를 받지 못하면 서운해하고 분노한다. 그 마음은 다툼과 분쟁으로 이어지기 쉽다. 사탄은 우리에게 끊임없이 속삭인다. 종이 되지 말고 대접받는 리더가 되어야 한다고. 그리고 바보같이 살지 말고 자기 자신을 위해 살아야 한다고 이 유혹에 넘어가는 순간부터 마음의 평화는 물론 좋은 관계를 유지하던 사람들과의 관계도 깨어지는 것이다.

그러나 착한 종은 주인이 맡겨 주는 일에 최선을 다하고 일을 잘 감당한 그 자체로 만족한다.

> "이와 같이 너희도 명령 받은 것을 다 행한 후에 이르기를 우리는 무익한 종이라 우리가 하여야 할 일을 한 것뿐이라 할지니라"(눅 17:10).

둘째, 온전히 순종하도록 노력하라.

> "네가 네 하나님 여호와의 말씀을 삼가 듣고 내가 오늘 네게 명령하는 그의 모든 명령을 지켜 행하면 네 하나님 여호와께서 너를 세계 모든 민족 위에 뛰어나게 하실 것이라"(신 28:1).

하나님으로부터 인정받기를 원하는 자는 주인 되신 하나님을 온전히 신뢰한다. 하나님께서 자신을 신뢰하고 순종하는 자에게 베푸시는 상급은 우리가 생각하는 것 이상이다.

온전한 순종은 믿음이다. 성경에는 믿음의 사람들이 행한 일들이 기록되어 있고 그들은 그 결과 하나님께 인정을 받았다. 하나님께서는 그들을 존귀한 자라고 높여 주셨다. "모든 민족 위에 뛰어나게 하실 것이라"는 말씀처럼 말이다.

또한 그들은 후대에까지 영향력을 끼치는 사람들이 되어 지금 우리에게 믿음의 모델로 기억되었다.

하나님을 인생의 주인으로 모시고 그분의 뜻대로 살아가고 있는가? 그렇다면 하나님께서는 우리를 영원히 인정해 주실 것이다. 잠깐 후면 없어질 세상에서 인정받고자 하는 마음은 쓰레기통에 던져 버리고 오직 하나님께 영원히 인정받기만을 갈망하자.

11. 끝까지 사랑해야 할 지체

좋은 순장이 되기 위해서는 지체의식을 가져야 한다. 고린도전서 12장 27절에서는 교회와 성도들의 관계를 언급하며 "너희는 그리스도의 몸이요 지체의 각 부분이라"고 말씀하고 있다. 성도들은 그리스도의 몸인 교회의 지체이다. 왜 성경은 교회와 성도와의 관계를 몸과 지체의 관계로 말씀하셨을까?

"너는 내 몸의 일부"

사람은 자신의 몸의 일부인 지체들을 사랑한다. 사랑하기에 규칙적으로 식사를 하고, 몸을 청결하게 유지하고, 건강을 유지하기 위해 식단을 조절한다. 누구든지 자기 몸의 지체를 소홀하게 대하거나 방치하는 사람은 없다.

성도들이 교회의 지체라는 표현은 주님께서 성도들을 얼마나 사랑하시는지를 보여준다. 성도들이 지체라는 것은 곧 "너는 내 몸의 일부"라는 뜻이다. 주님이 우리를 이렇게까지 생각해 주시니 얼마나 황송한 일인가?

순장 역시 순원은 자신의 지체임을 알고 사랑해야 한다. 몸은 여러 지체가 모여 이루어진다. 지체들은 각자 맡은 역할이 있다. 생김새와 역할은 달라도 같은 목적을 위해 조화를 이루고 있는 것이다. 이처럼 다양한 성격과 배경을 가지고 각자 다른 역할을 하는 지체들이 모인 곳이 바로 교회다.

한 자매의 말이 기억난다. 성격유형 검사를 하여 같은 유형의 사람들과 모이니 너무 재미가 없었다는 것이다. 그런데 전혀 다른 성격을 가진 사람들과 함께 모이니 너무나 재미있고 유익했다고 한다.

우리 몸의 지체 가운데 사랑하지 못할 지체는 없다. 아무리 못생기고 제 역할을 못한다고 해도 지체는 무조건 사랑의 대상이다. 정말 사랑할 수 없고 용서할 수 없는 순원이 있는가? 그렇다면 바로 그 순원이 내가 끝까지 사랑해야 할 내 지체이다.

"새 계명을 너희에게 주노니 서로 사랑하라 내가 너희를 사랑한 것 같이 너희도 서로 사랑하라"(요 13:34).

기대의 대상

몸은 모든 지체가 제 역할을 잘해 주길 기대한다. 그런데 지체가 제 역할을 잘 감당하지 못하면 몸 전체가 힘들어진다.

한 형제가 직장에서 일을 하다가 손가락이 절단될 뻔한 사고를 당했다. 피를 많이 흘려 병원에 가서 수술을 받았다. 다행히 신경은 괜찮았지만 수술 후 재활치료를 받고 완치되기까지 꽤 오랜 시간이 걸렸다. 재활치료를 받은 지 한 달 만에 만난 그 형제는 다친 손가락이 움직이는 것이 신기하다는 듯이, 자랑스럽게 손가락을 보여주었다. "목사님, 보셨지요? 움직입니다."

자신의 몸 한 부분이 제 기능을 못할 때 크게 염려하는 것처럼 성도들이 교회 안에서 제 역할을 못할 때 주님께서도 안타까워하실 것이다. 특히 순장은 교회의 작은 목사라고 불린다. 그런데 순장이 제 역할을 못한다면 어떻게 되겠는가? 순장은 매일 주님의 기대감 속에 살아 가고 있음을 기억해야 한다.

몸 없는 지체는 존재할 수 없다

성도들은 그리스도의 몸인 교회를 사랑해야 한다. 몸이 지체를 사랑하고 지체가 몸을 사랑하는 것은 지극히 당연한 이치이다. 손과 발이 몸을 사랑하는 데는 특별한 이유가 없다. 몸 없이 손은 존재할 수 없기 때문이다.

안타깝게도 자신이 그리스도의 몸인 교회의 지체임을 깨닫지 못한 채 교회를 해롭게 하는 성도들이 생각보다 많다. 교회에서 분쟁을 일으켜 교회가 제 역할을 하지 못하도록 방해하는 경우가 종종 발생한다. 만약 자신이 한 몸의 지체임을 안다면 그렇게 하지 못할 것이다.

주님은 교회를 그리스도의 몸이며, 성도들은 각 지체라고 말씀하셨다. 주님은 지체들을 향해 이렇게 말씀하실 것이다. "지체는 몸을 무조건 사랑해야 해!"

> "대답하여 이르되 네 마음을 다하며 목숨을 다하며 힘을 다하며 뜻을 다하여 주 너의 하나님을 사랑하고 또한 네 이웃을 네 자신 같이 사랑하라 하였나이다"(눅 10:27).

건강한 몸은 머리의 지시를 따른다

주님은 교회의 머리이시기에 지체인 손과 발은 머리의 지시를 무조건 따라야 한다. 머리의 지시대로 움직이지 않는 손과 발이 있다면 몸에 붙어 있지 않는 것과 같다. 건강한 몸이라면 머리의 지시에 따라 입과 코, 모든 지체가 제 역할을 한다. 그러므로 성도들이 맡은 위치에서 자기의 역할을 감당해야 곧 그리스도의 몸인 교회가 제 역할을 잘 수행할 수 있다.

순장은 혼자 무엇인가를 할 수 있다고 생각해서는 안 된다. 언제나 머리 되신 주님의 지시에 따라 움직이고 있는지 항상 확인해야 한다.

순장이 자기 기분대로 행동하는 것은 몸속의 지체가 몸 전체는 생각하지 않고 자기 마음대로 행동하는 것과 같다. 예를 들어 이가 갑자기 일하기 싫어졌다고 아무 일도 하지 않고 가만히 있다면 어떻게 되겠는가? 지체는 기분이나 상황에 따라 행동하지 말아야 한다. 변함 없이 자기의 맡은 일에 최선을 다해야 한다.

순장이 자신이 맡은 역할을 잘 감당하는 것이야말로 주님의 핏값으로 세우신 교회를 교회 되게 하는 일임을 기억해야 한다. 지체가 각자의 위치에서 맡은 역할을 잘 감당할 때 몸은 균형을 이루어 건강해진다. 주님은 이 땅의 교회가 자신의 역할을 잘 감당하기를 원하신다. 주님은 주기도문을 통해 이 일을 위하여 우리가 기도해야 할 것을 가르쳐 주셨다.

"뜻이 하늘에서 이루어진 것 같이 땅에서도 이루어지이다."

주님은 지체들의 모임인 교회를 통해 이 땅에 하나님의 뜻이 이루어지길 원하고 계신다.

"우리 순은 교회의 질서 아래 순종하며 함께 섬기기를 기도하고 있습니다. 송구영신예배 후 1년의 행사가 기록된 달력을 받는 순간부터 순원들과 함께 교회 행사를 위해, 그리고 우리가 그 행사를 통해 하나님이 기뻐하시는 모습으로 쓰임 받기를 기도합니다. 누가 먼저랄 것도 없이 교회를 위해 서로 먼저 섬기기를 자원하는 모습이 얼마나 은혜가 되고 감격스러운지 모릅니다. 특별히 전도폭발 지도자 임상훈련, 순모임별 전도축제, 중소도시교회 제자훈련지도자세미나, 순모임 오픈, 행복축제, 순장세미나 등 교회의 굵직굵직한 행사들을 위해서도 가장 귀한 섬김으로 동역합니다. 특별히 강요하지 않아도 자발적으로 아름답게 동참함으로써 주님의 몸 된 교회를 섬기는 순원들의 모습이 참 귀합니다."

12. 순원을 복 되게 하는 순장

룻의 시어머니인 나오미는 며느리 룻을 복 되게 하였다. 룻은 좋은 시어머니 룻을 만남으로써 예수님의 족보에 이름을 올리는 영광을 얻게 되었다. 이렇게 좋은 리더, 좋은 그리스도인은 다른 사람을 복 되게 하는 사람이다.

"룻의 시어머니 나오미가 그에게 이르되 내 딸아 내가 너를 위하여 안식할 곳을 구하여 너를 복되게 하여야 하지 않겠느냐"(룻 3:1).

그리스도인은 가는 곳마다 사람을 복 되게 하는 자가 되어야 한다. 가는 곳마다 우환거리가 되어 사람들에게 고통과 아픔을 주는 자가 되어서는 안 된다. 성경에 기록된 좋은 지도자들 역시 다른 사람들을 복 되게 하는 자들이었다.

그런 점에서 요셉은 훌륭한 리더의 모델이다. 요셉은 가는 곳마다 다른 사람을 복 되게 했다. 자신의 직책으로 다른 사람을 복 되게 한 것이 아니었다. 종의 신분으로 머물렀던 보디발의 집에서도 그는 그 집을 복 되게 했다. 죄인의 신분으로 머물렀던 감옥 안에서도 다른 사람을 복 되게 했다. 그뿐인가? 애굽의 총리가 되어서도 그랬다. 가는 곳마다 다른 사람을 복 되게 한 요셉은 바로 교회의 작은 목사인 순장들이 모델로 삼아야 할 믿음의 사람이다.

"그가 요셉에게 자기의 집과 그의 모든 소유물을 주관하게 한 때부터 여호와께서 요셉을 위하여 그 애굽 사람의 집에 복을 내리시므로 여호와의 복이 그의 집과 밭에 있는 모든 소유에 미친지라"(창 39:5).

순원을 축복하는 순장

성도들은 축복하는 자가 되어야 한다. 성경은 자신을 저주하는 자를 위해서도 축복하고, 박해하는 자를 위해서도 축복해야 한다고 말씀하고 있다.

"너희를 저주하는 자를 위하여 축복하며 너희를 모욕하는 자를 위하여 기도하라"(눅 6:28).

"너희를 박해하는 자를 축복하라 축복하고 저주하지 말라"(롬 12:14).

"악을 악으로, 욕을 욕으로 갚지 말고 도리어 복을 빌라 이를 위하여 너희가 부르심을 받았으니 이는 복을 이어받게 하려 하심이라"(벧전 3:9).

순장은 순원을 축복해야 한다. 어떤 경우에도 미워하면 안 된다. 성경은 다른 사람을 미워하고 저주하라고 하신 적이 없기 때문이다. 순장을 심하게 괴롭히고 다른 순원들에게 악영향을 끼치는 순원이 있다고 해도 순장은 순원을 축복해야 한다. 축복하다 보면 그 순원은 어느 순간 마음을 돌이키고 잘 양육받고 자라는 것을 보게 된다.

사람은 상대방이 자신을 대하는 느낌을 직감적으로 알아챈다. 미워하는 것도 느끼고, 사랑하는 것도 느낀다. 지금까지 사랑하지 못하고 상대를 축복하지 못하는 순장 밑에서 좋은 순장이 나온 경우를 본 적이 없다. 자신의 마음을 다스리지 못해 힘들고, 정작 주님께서 원하시는 열매를 맺지도 못한다. 순장이 자신을 진정으로 사랑하고 축복하고 있다는 사실을 알게 되면 완강한 태도를 취하던 순원도 온순하게 변화되는 경우가 많다. 순원을 진정으로 축복하는 순장이야말로 순원을 복 되게 하는 순장이다.

"지금이야 서로 뼛속 깊이 자리잡은 상처와 아픔까지도 편안히 오픈하며 기도를 요청하는 관계가 되었지만, 그 순원이 순모임에 정착하기까지 참으로 힘들고 어려웠던 시간들도 많았습니다. 그런 그들의 마음을 움직일 수 있는 것은 진정한 사랑의 섬김임을 깨닫고 그 순원을 사랑하며 축복했습니다. 시부모님의 생신이 있는 순원에게는 맛난 음식으로, 병원에 입원한 순원에게는 간병으로, 직장에서 일하느라 점심을 제대로 먹지 못하는 순원에게는 떡이나 김밥 등의 간식으로, 내가 필요한 곳이라면 어디든지 거절하지 않고 달려갔습니다. 누군가에게 사랑받고 있다는 것이 얼마나 행복한 일인가를 깨닫고 변해 가는 순원들을 보면 그들을 더욱 축복하고 사랑하게 됩니다."

하나님을 경외하라

순장이 순원을 복 되게 하기 위해서는 먼저 하나님과 바른 관계를 정립해야 한다. 하나님을 경외하는 순장이 순원을 복 되게 한다. 하나님 말씀대로 살아가며 하나님의 은혜를 경험하며 사는 순장을 보는 순원은 그 모습을 어느 순간 닮게 되기 때문이다.

순장은 모델이다. 순원은 모델인 순장에게서 영성을 배운다. 잘 섬기는 순장 밑에서 신앙생활을 하는 순원은 열심히 섬긴다. 새벽기도 생활을 철저히 하는 순장을 보고 자란 순원은 새벽기도 생활을 열심히 한다. 만일 순장이 물질로 섬기는 것에 인색하다면 순원들은 순모임에서 물질을 섬기며 누린 은혜에 대해 간증할 수 없을 것이다. 순장은 순원 한 사람에게만 영향을 주는 것이 아니라 교회 전체에 영향을 주는 것이다.

순장이 하나님과의 관계를 정립하기보다 인간적인 사랑과 열심으로만 순모임을 이끌어 간다면 순원들에게 영적인 유익을 줄 수 없다. 간혹 순장들 가운데 자신의 열심으로만 사역하는 순장들이 있다. 그러면 일시적으로는 순원들에게 유익을 주는 것 같지만 나중에 열매가 없는 경우가 많다.

하나님과 바른 관계를 맺으면 자신에게 유익할 뿐 아니라 순원에게 영적인 유산을 남겨 준다는 사실을 명심해야 한다. 하나님께서는 순모임에서 잠깐 동안의 친목이나 교제를 누리는 것보다 순원이 제자로 서서 하나님께 영광을 돌리고 다른 사람에게 영향력을 끼치는 자가 되기를 원하신다. 따라서 순장은 순원을 복 되게 하기 위해 매일 하나님 말씀 앞에서 자신을 점검하는 자세로 살아가야 한다.

순장은 영적인 부모다

순장에게 필요한 마음은 부모의 마음이다. 부모는 자녀에게 늘 큰 기대를 품는다. 자녀의 단점보다는 장점을 더 보려고 하며 흐뭇해한다. 조금이라도 남보다 잘하는 부분이 있으면 자기 자녀가 천재적인 재능이 있다고 착각한다. 그래서 요즘 천재나 영재 프로그램에 아이들이 꽉 찬다고 한다. 나도 아들이 27개월 만에 알파벳과 헬라어를 읽는 것을 보고 천재인 줄로 착각했다. 그것이 착각이라는 것을 깨닫는 데는 어느 정도 시간이 걸렸지만 말이다.

성탄절이 되면 교회에서 성탄 축하 발표회를 개최한다. 그때가 되면 부모들은 카메라나 스마트 폰으로 그 모습을 촬영하기 바쁘다. 자녀가 조금이라도 잘하면 박수를 치며 좋아 어쩔 줄 모른다. 실수를 해도 그 모습을 보며 좋아한다. 성탄절 전날에 주로 개최되는 발표회에는 평소 교회에서 볼 수 없었던 아버지들이 나타나 근엄한 모습을 버리고 연신 카메라 셔터를 누르고 동영상을 찍는다. 모두 좋아하며 손뼉 치고 웃는 시간에 부모들의 눈은 대부분 한 명에게 집중된다. 바로 자기 자녀이다. 부모의 눈이 자기에게 집중되어 있다는 사실을 아는 자녀는 열심히 실력을 뽐낸다. 이처럼 자녀들은 부모의 기대와 박수를 먹고 자란다.

순원은 책망과 비판보다는 순장의 박수와 칭찬을 통해 건강하게 성장한다. 어느 정도 신앙이 성장한 순원에게도 책망보다는 박수와 칭찬이 훨씬 효과적인 것을 알 수 있다. 부모가 자녀에 대해 끝까지 포기하지 않는 것처럼 순장도 순원을 포기하는 마음을 가져서는 안 된다. 자신에게 맡겨진 순원이 자신의 자녀라는 생각을 가진다면 끝까지 최선을 다할 수 있을 것이다.

"처음 순장 사역을 맡았을 때는 잘 몰라서 실수할 때도 많았고 내 생각과 힘으로만 하려다가 실의에 빠지기도 했던 것 같습니다. 순모임 시간을 마음대로 바꾸어 목사님께 눈물이 쏙 빠지도록 혼이 나기도 했고, 순모임 시간마다 이 핑계 저 핑계로 참석하지 않고 쌀쌀맞게 구는 순원과 통화하다 전화통을 붙잡고 울기도 했습니다. 처음 전도해서 우리 순원이 되어 기쁜 마음으로 함께 예배를 드리던 자매가 어느 날 갑자기 다른 교회로 간다고 훌쩍 떠나 버려 목사님 앞에서 말도 못하고 눈물만 지었던 기억도 생생합니다.

순장 사역은 부모와 같은 마음으로 성령님의 도우심을 받아 감당할 때 지치지 않고 계속할 수 있는 것 같습니다. 저는 소심한 성격 탓에 한때는 순장으로서 적합하지 않다는 생각도 들었습니다. 하지만 주님께서는 리더십도 부족하고 내성적인 저를 세우셔서 순원들의 말을 잘 들어 주고 끝까지 참고 인내하며 기다려 줄 수 있는 순장으로 만들어 주셨습니다. 저의 연약함을 아버지 앞에 고하고 도와주시기를 구했더니 약한 점을 장점으로 바꾸어 주시고 주님의 일을 잘 감당할 수 있도록 필요한 것들을 공급해 주셨습니다.

자신의 생일에 선물받았던 예쁜 립스틱을 아직도 잊을 수 없다고 말하는, 지금은 순장이 된 순원이 기억납니다. 집이 멀어 회사에서 퇴근하면 순모임에 참석하지 않고 집으로 가 버리는 자매를 위해 아이를 업고 비빔밥을 만들어 같이 먹으며 순모임을 참석하게 했던 기억도 납니다. 제자훈련 받는 자매의 아기를 조금 돌봐 줬는데, 그때 그 섬김을 기억하고 자기도 기회가 되면 꼭 섬기리라 마음먹고 예배당 청소 섬기미 지원을 했다고 고백하던 자매의 미소도 떠오릅니다. 지금 생각해 보니 이 모든 것이 주님께서 매 순간 함께해 주셨기에 가능했던 순장 사역의 아름다운 추억이라는 생각이 듭니다. 그리고 앞으로도 계속 부모의 마음으로 순장 사역을 해나갈 때마다 주님께서 더 크고 놀라우신 기적을 베풀어 주실 것을 확신하며 감사드립니다."

부모는 사랑하는 자녀를 위해 힘을 다해 섬기고 아낌없이 투자한다. 그리고 이렇게 기대한다. "너는 나보다 더 나은 사람이 되어야 해."

순장이 순원을 향해 영적인 부모의 마음을 가져야만 자신보다 더 나은 순장이 되기를 축복하며 기도할 수 있을 것이다. 나보다 더 나은 순장으로 성장한 순원이 있는가? 얼마나 되는가? 그렇다면 그는 자신이 맺은 그 열매로 주님께 칭찬 받을 것이다.

Part 4
순장의 영성 유지하기

열매 맺는 순장

13. 새벽을 깨우는 순장

 교회에 등록한 지 10년이 된 한 형제가 제자훈련을 받기 시작했다. 그는 믿음의 가정에서 신앙생활을 했으나 새벽기도회만은 참석할 수 없다고 생각했다. 신학을 하라는 주변의 권고도 있었지만 새벽기도 때문에 엄두도 내지 못했다. 그러던 그가 용기를 내어 제자훈련에 지원했다. 평택대광교회에서는 제자훈련을 받게 되면 '새벽을 깨우는 훈련'을 한다. 이 형제 역시 새벽을 깨워야 했다. 처음에는 힘들어했지만 제자훈련을 수료한 지 5년이 지난 지금도 매주 3회 이상은 새벽기도회에 참석하고 있다.

새벽을 깨우는 훈련

제자훈련을 받게 되면 새벽기도회 참석 횟수를 차츰 늘려 간다. 처음에는 일주일에 한 번에서 시작하여 두세 번으로 늘려 가다가 수료할 때쯤 되면 다섯 번 이상 참석하게 된다. 자신의 노력과 성령의 도우심만 있다면 새벽기도 훈련은 누구나 가능하다. 사실 새벽기도회에 매일 참석하는 것이 일주일에 한두 번 참석하는 것보다 훨씬 쉽다. 운동도 마찬가지다. 매일 운동하는 사람과 일주일에 한두 번 운동하는 사람은 마음가짐부터 다르다. 매일 운동하는 사람은 즐거운 마음으로 운동한다. 하루라도 운동하지 않으면 몸이 근질거리는 느낌을 받는다. 그러나 일주일에 한두 번 운동하는 사람은 운동할 때마다 갈등하게 된다.

"제자훈련을 받으며 새벽기도와 큐티를 통해 하나님의 음성을 듣고 기도 응답을 받아 하나님을 경험하는 은혜를 누리게 되었습니다.

새벽기도는 제게 용기와 새 힘을 주었습니다. 저는 당시 2개월 된 둘째아이를 업고 새벽기도를 다녔습니다. 남편은 제가 새벽기도에 나가지 못하게 했고 아이가 자다가 울기라도 하여 남편이 깰까봐 두려웠습니다. 기도에 응답하시는 하나님을 경험하니 신바람이 나서 새벽을 깨웠습니다. 새벽에 기적을 일으키시는 하나님께서는 언제나 제게 동일한 은혜를 부어 주시기에 지금도 새벽에 눈을 뜨면 가슴이 뜁니다. 어느 날 새벽기도를 다니는 것이 남편에게 발각되었습니다. 화가 난 남편은 제가 새벽에 일어나지 못하도록 우리집에 있는 모든 시계를 다 돌려놓아 알람이 울리지 못하게 했고, 아파트 5층에서 1층까지 잠옷바람으로 저를 쫓아오기도 하며 방해를 했습니다. 그러나 저는 고난 가운데서도 작은 예수가 되어 세상을 변화시키는 거룩한 자가 되길 꿈꾸며 새벽기도를 포기하지 않았습니다. 제가 변하면 가정, 교회, 이웃, 민족, 세계 가운데 하나님의 통치가 이루어질 것을 확신하며 기도했습니다.

제 신앙생활과 새벽기도를 방해했던 남편은 지금 제자훈련을 받고 평생 새벽기도를 결단하는 기도의 사람이 되었습니다. 제 눈물의 기도에 주님은 응답하셔서 기적을 베풀어 주셨습니다. 이제 우리 부부는 새벽기도를 마치고 돌아가는 차 안에서 서로 그날 기도제목을 나누고 서로에게 힘을 실어 주는 믿음의 부부가 되었습니다."

기도는 영혼의 호흡이라고 한다. 호흡은 잠시라도 멈출 수 없다. 기도가 얼마나 중요하면 성경은 기도하지 않는 것을 죄라고까지 말씀하셨을까?

"나는 너희를 위하여 기도하기를 쉬는 죄를 여호와 앞에 결단코 범하지 아니하고 선하고 의로운 길을 너희에게 가르칠 것인즉"(삼상 12:23).

특히 새벽기도는 하루의 첫 시간을 하나님과 독대할 수 있는 기회이다. 그뿐인가? 새벽에 주신 말씀을 가지고 기도하며 자신의 부족한 부분을 살피고 새 힘을 얻을 수 있다.

요즘 기도에 열심을 기울이는 교회가 많다. 새벽기도회는 물론이며 밤에도 매일 기도하는 교회들이 있다. 한 교회는 매일 밤 성도들이 가족들과 함께 예배당에 모여 두 시간씩 기도한다. 그 교회의 목사님에게 왜 그렇게 열심히 기도하느냐고 물은 적이 있다. 기도하지 않으면 이 악한 세상의 유혹을 이길 수 없다는 대답이 돌아왔다. 그 말을 듣고 마음으로 맞장구를 쳤다. 바로 그것이다.

얼마 전 학생들과 함께 국토순례를 다녀온 적이 있다. 국토순례를 위해 마련된 숙소는 겉으로 보기에는 좋아 보였다. 그런데 안에 들어가 보니 여기저기 거미줄이 있었고 생각보다 깨끗하지 못했다. 한번 이곳에 머무른 사람은 다시는 이곳을 찾지 않겠다는 생각이 들었다. 일류호텔과 삼류호텔의 차이는 다른 데 있지 않다. 청결함에 있다. 새벽마다 자신의 모습을 살피는 자는 적어도 자신을 청결하게 유지하기 위해 노력하는 사람이라고 해도 틀린 말이 아닐 것이다.

예수님의 제자들은 기도의 사람이었다. 제자들은 주님께서 기도에 온 힘을 다 쏟으시는 것을 보았을 것이다. 예수님께서는 기도로 사역을 시작하시고 기도하며 사역하셨다.

"새벽 아직도 밝기 전에 예수께서 일어나 나가 한적한 곳으로 가사 거기서 기도하시더니"(막 1:35).
"예수께서 즉시 제자들을 재촉하사 자기가 무리를 보내는 동안에 배를 타고 앞서 건너편으로 가게 하시고 무리를 보내신 후에 기도하러 따로 산에 올라가시니라 저물매 거기 혼자 계시더니"(마 14:22-23).

예수님께서는 큰 일을 앞두고도 기도하셨다. 제자를 선택하시기 전에도 기도하셨다. 십자가에서 돌아가시기 전에도 기도하셨다.

새벽 시간은 하나님께서 주신 또 하나의 기회다. 새벽을 이용하는 사람들은 부지런하다. 우유 배달을 하는 사람들은 새벽 3시에 일어나서 일을 시작한다고 한다. 그들은 늦게 일어나 우유를 마시는 사람들보다 훨씬 건강할 것이다.

사탄은 부지런한 사람을 싫어한다. 부지런한 사람이 예수님을 믿는 것도 경계할 것이다. 그러나 게으른 사람이 예수님을 믿으면 사탄은 크게 염려하지 않을 수도 있겠다는 생각이 든다. 게으른 자는 경계 대상이 될 수 없기 때문이다.

"부지런하여 게으르지 말고 열심을 품고 주를 섬기라"(롬 12:11).

부지런한 자가 되자. 특히 평신도 지도자가 될 사람들은 새벽을 잘 이용해야 한다. 새벽에 주님을 만나기 위해서는 그만큼 대가를 지불해야 한다. 세상은 밤 문화로 가득 차 있다. 우리는 밤에 가장 놀기 좋은 나라에서 살고 있다. 그러므로 하나님 만나는 것을 방해하는 밤 문화를 멀리 해야 된다. 일찍 자고 일찍 일어나는 것이 지혜로운 일이다.

나는 특별한 일이 없는 한, 밤 11시 이전에 잠을 잔다. 그래야 새벽기도회에 무리 없이 나갈 수 있기 때문이다. 제자훈련 과제 가운데 취침 시간에 대한 과제가 있다. 밤 11시 이전에 잠을 자는 것이다. 제자훈련을 통하여 이렇게 지속적으로 취침훈련을 하게 되면 이것이 자연스럽게 새벽기도회 참석으로 이어진다. 그리고 새벽기도가 생활화되어 제자훈련을 마치고 순장이 된 후에도 꾸준히 새벽기도회를 지속하게 되는 것이다.

"순장의 자기관리는 새벽기도라고 저는 생각합니다. 저는 새벽에 하나님의 말씀을 듣고 오늘 순종해야 할 실천사항을 놓고

간절히 기도하며 주님의 도우심을 구합니다. 그래서 주님의 이끄심대로 하루를 설계하며 나아갑니다. 순장도 연약한 인간이기에 염려와 낙심과 두려움이 있습니다. 그러나 모든 문제를 말씀과 기도로 뛰어넘고 하나님께 순종하면 하나님의 일하심을 경험합니다. 이런 장애물들을 새벽기도로 승리하는 순장을 보며 순원들도 새벽예배를 사모하게 됩니다. 순장은 자신이 본 대로 배우는 순원들이 참 두려울 수밖에 없습니다. 기도하는 순원들은 자연스럽게 교회 사역에 참여하길 원합니다. 중보기도, 전도폭발, 제자훈련 사역 등 그 어떤 사역도 기도 없이는 열매와 은혜를 기대할 수 없기에 저는 순모임 시간에 순원들에게 새벽기도는 기적을 일으킨다고 늘 도전합니다."

"저는 새벽기도를 통하여 받은 은혜가 너무 커서 평생 새벽기도를 결단했습니다. 저의 고질병이었던 심장병을 비롯해 정신적 고통, 위장병, 관절염, 동상 등이 새벽기도를 통해 완전히 치유되었습니다. 저를 통해 도전받은 순원들도 새벽기도에 열심을 내고 자녀들도 새벽기도를 생활화하고 있습니다. 저는 노후를 위해 돈을 저축하지는 못했지만 기도는 열심히 저축하고 있습니다. 기도를 통해 하나님께서 공급해 주시는 힘에 늘 기쁨이 샘솟습니다."

"지금까지 건강하게 순장으로 섬길 수 있었던 것은 목사님께서 순장들의 영적 상태에 늘 관심을 가지고 관리해 주고 계시기 때문입니다. 순장 한 사람의 신앙은 바로 순원들에게 영향을 끼치기 때문에 순장의 영적 상태는 건강한 교회를 세워 가는 데 매우 중요함을 강조하십니다. 매일 큐티로 말씀을 생활화하고 새벽에 나와 기도로 무장하도록 늘 강조하십니다.

저는 목사님의 고집스런 제자훈련을 통해 건강한 그리스도인이 되었습니다. 지옥 같았던 가정도 회복되어 지금은 천국 같은 가정을 꾸려 가고 있습니다. 모든 것이 기적이고 은혜입니다. 저는 지금 목사님의 동역자로, 대광교회 순장으로 자부심과 긍지를 가지고 섬기고 있습니다. 부족하지만 새벽을 깨우는 기도의 용사로, 주님이 쓰실 때까지 죽도록 충성하는 것으로 하나님의 은혜에 보답할 것입니다."

새벽 순장반

평택대광교회에서 가장 중요한 모임 중 하나는 순장반 모임이다. 순장반은 교회의 핵심 브레인 역할을 한다. 순장들이 영적인 공급을 받지 않으면 순장 사역을 잘 감당할 수 없다.

순장들은 순장반을 통해 새로운 공급을 받고 순모임에서 나눌 교재를 미리 공부한다. 그리고 교회 사역을 위해 합심하여 기도하고 사역 전반을 함께 나눈다. 그래서 순장반에는 모든 순장이 빠짐없이 참석한다. 실제로 순장반 출석률은 거의 100퍼센트이다. 위급한 병으로 수술을 했거나 가족의 장례를 치르는 등의 일이 아니고는 순장반에 빠지는 순장을 찾아보기가 어렵다.

순장반 모임은 직장 순장반, 여자 순장반, 예비 순장반으로 나누어져 있다. 직장 순장반에는 직장에 다니는 남녀 순장들이 참석하며 월요일 새벽예배 후에 모인다. 예비 순장반은 제자훈련을 갓 마친 순장들이 참석하며 화요일 새벽에 모인다. 주부들로 구성된 여자 순장반은 화요일 오전 9시부터 시작되는데 이 시간에는 야간 근무를 마치고 나오는 남자 순장들이 참석하기도 한다.

특별히 새벽 순장반은 바쁜 직장생활로 일정한 시간을 내기가 힘든 순장들을 위해 만든 모임이다. 새벽 시간이라 모이기 힘들 것 같지만 순장들은 모두 새벽을 깨워 기도하기에 새벽에 모인다고 불평하는 순장은 한 사람도 없다. 제자훈련을 받으면서 새벽기도 훈련이 되어 있기 때문에 새벽 순장반을 더 좋아하는 순장들도 있다.

"저는 직장인이라 새벽 순장반에 참석합니다. 물론 다른 시간대의 순장반도 모두 은혜롭지만 새벽 순장반은 더욱 매력적인 모임입니다. 하루의 첫 시간이라 정신이 바짝 차려지고 집중력이 배가되어 말씀이 귀에 쏙쏙 들어와 더욱 큰 은혜를 받습니다. 그래서 그런지 새벽 순장반에 참석하시는 순장님들은 대부분 믿음이 더 견고하고 한결같이 교회 사역에 꾸준히 참여하는 것 같습니다.

예수님도 바쁘신 사역 가운데서 새벽 미명에 기도하시며 하나님과 교제하심으로써 승리의 삶을 사셨습니다. 순장인 저도 새벽 순장반을 통해 하나님의 음성을 듣고 영적인 힘을 공급받아 순장 사역을 꾸준히 감당하게 됩니다. 뿐만 아니라 새벽 순장반에 참석하기 위해 하루라도 더 새벽기도회에 참석하게 되니 이 또한 감사한 일이 아닐 수 없습니다."

"저에게 월요일 새벽은 그 누구도 침범할 수 없고 그 어떤 것으로도 핑계할 수 없는 시간입니다. 한 주를 새벽기도와 순장반으로 시작하며 말씀과 기도로 충만히 은혜 받는 시간이기 때문입니다. 이 시간은 순모임을 인도할 성경 말씀과 내용을 제 자신의 것으로 만들고 적용할 수 있는 귀한 시간입니다. 순장반에서 먼저 말씀을 배우고 묵상하고 기도로 준비하기에, 순원들과 함께한 순모임에서는 제가 먼저 오픈하고 감격을 간증함으로써 은혜롭게 모임을 시작할 수 있는 것입니다.

새벽 순장반에는 존경하는 선배 순장님들이 많이 있습니다. 그래서 이 시간에는 그들을 제 순장 사역의 모델로 삼아 교제하고 배울 수 있습니다. 늘 앞서서 순원들을 위하여 전도와 섬김으로 사역하는 분들과 동역자가 되어 같은 자리에서 교제하는 것이 감사하고 저에게 큰 도전이 됩니다. 더불어 이 시간은 교제와 섬김을 통하여 제 부족하고 약한 부분들이 건강해지는 기회가 됩니다.

저는 교사로서 학생들과의 관계나 학교 일로 퇴근시간이 일정하지 않을 때가 많아 저녁시간은 시간을 내기가 힘든데 새벽 순장반에 참석하게 되니 얼마나 유익한지 모릅니다. 목사님은 순장반 모임 때마다 새벽기도와 큐티를 매주 점검하셔서 순장들이 영적으로 나태해지지 않도록 붙들어 주시니 이 또한 큰 은혜가 아닐 수 없습니다."

사탄은 교회 안에 이상한 풍조를 넣어 교회 사역을 방해하고 있다. 교회 안에서 오랫동안 신앙생활한 성도들이 현장 사역에서 빠지거나 말씀 공부나 기도 또는 전도의 현장에서 열외가 되는 풍조이다. 나이가 들었다 해도 끼니를 거를 수 없듯이 성령은 아무리 아는 것이 많은 성도에게도 임재하셔서 깨우치고 가르치며 인도하신다. 그러므로 순장은 항상 모이기를 힘쓰고 성령의 은혜를 경험하고 새 힘을 얻어야 하는 것이다. 그것이 바로 자신이 살고, 자신의 가족이 살고, 순모임(다락방, 구역, 속회)이 살고, 교회가 사는 길이기 때문이다.

새벽 이야기

교회를 개척한 1983년 1월은 너무나 추웠다. 따뜻한 남쪽 바다가 고향인 나는 유난히 추위를 많이 탔다. 새벽이면 아내와 함께 새벽예배를 드리러 나갔다. 처음에는 아내와 단 둘이서 예배를 드렸다. 조그만 예배당이지만 추운 겨울에 단둘이 드리는 예배는 썰렁하게 느껴졌다. 하지만 새벽기도를 쉬지 않았다. 차츰 한두 사람씩 새벽에 나오기 시작했다. 그런데 난방 시설이 되어 있지 않았던 예배당에서 새벽에 기도하는 것은 여간해서는 견디기 어려웠다. 8평 남짓한 2층 예배당에 연탄난로를 설치했다. 난로에 연탄을 넣기 위해서는 새벽 4시에 일어나 집에서 밤새 달궈진 연탄을 연탄집게로 꺼내어 6-7분 정도 떨어져 있는 예배당으로 들고 가야 했다. 눈이 많이 오는 날은 정말 조심해서 한 발자국 한 발자국 걸어야 했다. 예배당에 연탄을 넣고 나서 30분 정도 지나면 온기가 느

꺼졌다. 연탄난로 주변에서 온기를 느끼며 드리는 예배는 참 즐거웠다. 가끔 팔순이 넘은 할머니 한 분만 참석하는 경우도 있었다. 그러나 개척 이후 새벽예배는 쉬어 본 적이 없었다.

개척한 이후 조그만 예배당을 건축할 때 이웃 동네 송탄에 있는 교회를 나가시는 할머니가 새벽예배에 참석했다. 새벽마다 송탄까지 기도하러 가시니까 믿지 않는 아들이 멀리 다니지 말고 가까운 평택대광교회에 나가시라고 권했다는 것이다. 아들이 평택대광교회에 대해 알 리가 없었지만 좋은 교회라는 소문을 들었다며 적극 권한 모양이다.

할머니는 산 밑 과수원에 터를 닦은 채 완성되지 못한 지하 예배당에서 예배 드릴 때부터 나오셔서 매일 새벽 열심히 기도하셨다. 그러던 중 예배당 종탑과 지상 교육관 공사가 시작되자 필요한 재정을 위해 몇 안 되는 성도들과 함께 기도했다. 할머니는 건축업자였던 아들에게 공사를 위해 패널과 여러 재료들을 공급해 달라고 부탁했다. 아들이 어렵다고 거절하자 "내가 누구 때문에 이 교회로 나가게 되었느냐?" 하면서 호통을 치고는 다시 송탄 교회로 돌아가겠다고 하자 아들은 건축에 필요한 여러 물품을 제공해 주어 공사에 큰 도움이 되었다.

나는 어릴 때부터 어머니와 함께 새벽예배에 참석한 기억이 있다. 새벽에 교회에 나가면 울면서 기도하는 분들을 많이 만날 수 있었다. 나라와 민족을 위해 하루도 빠지지 않고 기도하던 그분들의 기도로 우리나라가 오늘날 이만큼 발전하게 되었을 것이라고 생각한다.

하나님께서는 기도하기를 명령하셨다. 예레미야 33장 3절은 "너는 내게 부르짖으라 내가 네게 응답하겠고 네가 알지 못하는 크고 은밀한 일을 네게 보이리라"고 말씀하셨다. 하나님께서는 기도할 때 우리가 알지 못하던 놀라운 일들과 비밀들을 일러 주시겠다고 약속하셨다.

'크고 은밀한 일'이란 무엇을 말하는가? 사람들이 알 수 없는 하나님의 계획을 말한다. 그러나 우리가 간절하게 기도한다면 하나님께서는 이 일을 우리에게 보여주시겠다고 말씀하셨다. 신학자들은 이 '크고 은밀한 일'의 내용을 두 가지로 보고 있다. 유다 백성들에게 70년 후에 일어날 바벨론 포로 귀환과 예수님의 초림이 바로 그것이다.

하나님은 우리가 전혀 생각하지 못한 일을 이루시며, 기도하는 사람의 미래를 보장해 주시겠다고 약속하셨다. 기도하면, 도무지 불가능하게 보이던 이스라엘 백성들의 귀환과 같은 일도 이루어 주시겠다고 약속하셨고, 실제로 그 일을 이루어 주셨다.

근래 들어 가뭄으로 인한 피해가 많이 발생하고 있다. 텔레비전에서 뉴스를 보다가 지금 겪는 가뭄이 2001년 이후 최고의 가뭄이라는 말을 듣고 문득 예배당 건축할 때가 생각이 났다.

2001년은 지금의 예배당 건축을 시작한 해이다. 지하 예배당 터를 파고 나니 곧바로 장마철이 다가왔다. 장마로 비가 계속 오면 공사는 진행될 수 없을뿐더러 큰 지하 예배당 터에 물이 차오르게 된다. 이것을 생각하면 기도하지 않을 수 없었다. 온 성도들이 비 피해 없이 순조롭게 공사가 진행되도록 기도하기 시작했다. 새벽예배와 모든 예배 시간에 기도를 계속했고, 교회 중보기도단과 사랑의교회 중보기도단에게까지 기도를 부탁했다. 그 결과 비가 와야 할 장마철에 비가 오지 않았다.

공사는 지체 없이 진행되었다. 공사를 맡았던 이랜드와 1년 6개월 계약을 맺었지만 1년 3개월 만에 공사가 끝났다. 보통 계약할 때 계획한 완공시기가 실제로는 몇 개월 더 늦어지는 것이 대부분인데, 공사가 3개월이나 빨리 마무리된 것이다.

하나님께서는 보잘것없는 사람들의 기도를 들으시고 자연을 움직이신다. 기도는 하늘 보좌를 움직인다. 우리는 기도를 통해 살기도 하고 죽기도 한다. 기도하라는 것은 단호한 하나님의 명령이다. 그리고 그분은 기도에 분명히 응답할 것이라고 확실하게 약속하고 계신다.

"구하라 그리하면 너희에게 주실 것이요 찾으라 그리하면 찾아낼 것이요 문을 두드리라 그리하면 너희에게 열릴 것이니 구하는 이마다 받을 것이요 찾는 이는 찾아낼 것이요 두드리는 이에게는 열릴 것이니라"(마 7:7-8).

"내가 여호와께 간구하매 내게 응답하시고 내 모든 두려움에서 나를 건지셨도다"(시 34:4).

신실하신 하나님으로부터 확실한 약속을 받은 성도들은 기도를 통해 응답받는 기쁨을 누려야 할 것이다.

특히 순장은 기도하는 사람이 되어야 한다. 주님께서 자신에게 맡겨 주신 한 영혼을 위해 기도함으로써 그를 주님의 제자로 세워 엄청난 일을 감당하게 할 수 있기 때문이다. 한 사람을 제자로 세우기 위해 극복해야 할 문제는 너무나 많다. 사탄이 한 영혼이 건강하게 성장하지 못하도록 얼마나 교묘하게 방해를 하겠는가? 한 영혼을 위한 기도는 단지 한 사람을 위한 기도가 아니다. 한 영혼이 제자로 세워져 세상에서 빛과 소금의 역할을 감당하면 교회가 제대로 쓰임 받기 때문이다.

기도하지 않는 순장은 한 달란트 받은 자와 같다. 한 달란트 받은 자가 얼마나 심한 책망을 받았는지 기억하는가?

"그러면 네가 마땅히 내 돈을 취리하는 자들에게나 맡겼다가 내가 돌아와서 내 원금과 이자를 받게 하였을 것이니라 하고 그에게서 그 한 달란트를 빼앗아 열 달란트 가진 자에게 주라

무릇 있는 자는 받아 풍족하게 되고 없는 자는 그 있는 것까지 빼앗기리라 이 무익한 종을 바깥 어두운 데로 내쫓으라 거기서 슬피 울며 이를 갈리라 하니라"(마 25:27-30).

한 달란트 받은 사람이 책망받은 이유는 달란트의 재생산을 방해했고 주인의 뜻을 무시했으며 게을렀기 때문이다. 우리는 기도에 열심을 내야 한다. 기도해야 할 때 기도하지 않으면 결정적일 때 아픔을 당한다. 베드로가 기도의 때를 놓치고 예수님을 배반한 후 얼마나 통곡했는지 기억하라. 기도하지 않는 자는 시험에 든다. 기도하지 않는 자는 담대하게 사역할 수 없다. 베드로를 향한 주님의 경고는 바로 오늘날 우리에게 주시는 경고이기도 하다. 주님은 오늘도 많은 자들에게 말씀하고 계신다.

"이르시되 어찌하여 자느냐 시험에 들지 않게 일어나 기도하라 하시니라"(눅 22:46).

14. 당신은 주님의 제자인가?

순장은 먼저 자신이 주님의 제자인지부터 확인해야 한다. 좋은 순장이 되기 위해서는 먼저 주님의 제자가 되어야 하기 때문이다.

제자들은 어려움이 와도 주님의 뜻을 이루기 위해 하나가 된다. 거친 풍랑을 혼자 헤엄쳐 가는 데는 한계가 있지만 배 안의 사람들이 뜻을 모아 마음을 합하면 거친 풍랑도 문제가 되지 않는다. 예수님께서는 이런 이유 때문에 제자들을 훈련시키시며, 가서 제자 삼으라고 명하셨다.

> "그러므로 너희는 가서 모든 민족을 제자로 삼아 아버지와 아들과 성령의 이름으로 세례를 베풀고 내가 너희에게 분부한 모든 것을 가르쳐 지키게 하라 볼지어다 내가 세상 끝날까지 너희와 항상 함께 있으리라 하시니라"(마 28:19-20).

예수님은 제자들을 통해 자신의 뜻을 이루실 것임을 말씀하신 것이다. 교회 안에 주님의 제자가 많으면 많을수록 주님의 뜻을 이루어 드리기 쉬울 것이다.

오늘날 교회는 얼마나 복잡한지 모른다. 조직도 많고 프로그램도 많다. 그리고 사람들의 다양한 필요를 채워 주기 위해 노력하고 있다. 그뿐인가? 직분자도 많다. 그러나 교회에서 가장 중요한 역할을 감당하는 사람들은 제자들이다. 하나님의 나라를 위해 함께 사역할 제자들이 얼마나 되는지가 가장 중요하다.

개척한 후 얼마 되지 않았을 때, 이웃 지역에서 한참 성장하고 있는 교회 목사님께 질문했다. "사역을 마음 놓고 맡길 수 있는 동역자가 몇 명이나 됩니까?" 한참 생각하던 그 목사님은 "네, 한 명입니다"라고 대답했다.

제자가 되어야 주님께서 원하시는 열매를 맺을 수 있다. 우리는 반드시 주님의 제자가 되어야 한다. 주님의 제자가 아니라 제자훈련을 인도하는 목사의 제자로 머물면 훈련을 잘못 받은 것이다.

제자훈련을 잘한다는 교회의 성도였던 분이 이사를 와서 등록을 했다. 그 성도는 교회에 잘 적응하지 못했다. 계속 이전 교회의 스타일을 고집하며 성도들과 어울리지 못했다. 교회의 훈련에도 소극적이었다. 그러다가 어느 날부터 보이지 않았다. 물론 이전 교회의 목회자가 그 성도에게 그렇게 가르치지는 않았을 것이다. 주님의 제자가 되지 않으면 하나님 나라와 교회에 대해 무관심한 채 자기의 취향에 맞는 교회와 자신의 유익만을 구하게 될 것이다. 모든 것은 열매로 증명된다. 제자는 열매를 많이 맺기 때문이다.

사도 바울이 엄청난 열매를 맺은 것은 바로 그와 함께한 동역자들 때문이었다.

> "이러므로 그들의 열매로 그들을 알리라"(마 7:20).
> "너희가 열매를 많이 맺으면 내 아버지께서 영광을 받으실 것이요 너희는 내 제자가 되리라"(요 15:8).

목회자는 제자 삼는 일에 모든 것을 걸어야 한다. 교회가 교회다워지려면 제자가 많아야 한다. 목회자로서 주님의 꿈을 꾸며 주님의 제자로 살아가기를 원하는 평신도와 함께 동역할 수 있다면 이보다 더 큰 기쁨은 없을 것이다.

제자로서 열심히 사역했는지, 자신의 만족 때문에 열심히 사역했는지는 시간이 지난 후 그 사람이 맺은 열매로 알 수 있다. 순장들 중에는 순모임을 번식시키는 순장들이 있는가 하면, 자신이 맡은 순원도 감당하지 못해 놓치는 순장도 있다. 한 순장은 이사를 한 후 그 동네를 전도하여 다시 순모임을 여러 구역으로 번식시키기도 했다.

"저는 제가 사는 지역을 중심으로 전도해서 여섯 명의 순장이 세워졌습니다. 성령님의 역사입니다. 전도한 영혼들이 무럭무럭 건강하게 자라 교회 안에 든든한 동역자로 세워지고, 또 그들이 다른 이들을 전도하여 순모임에서 영적 재생산이 일어날 때는 무척 감격스럽습니다."

어떤 순장은 자신이 전도하는 아파트의 전도 지도를 가지고 다니며 전도하기도 한다. 전도 지도에는 각 동과 호수, 그 집에 사는 사람들의 종교 배경과 직업 등을 세세히 기록하여 기도하며 전도에 활용한다.

이런 열심 있는 평택대광교회의 제자들을 통해 수많은 영혼들이 주님께로 돌아왔다. 허름한 골방에서 다섯 명이 예배드리며 시작된 교회는 과수원 배나무골을 거쳐 허허벌판으로 옮겨 가 열심히 전도했고, 감사하게도 많은 사람들이 지속적으로 전도되어 교인의 75퍼센트 정도는 평택대광교회를 통해 처음 예수님을 믿은 성도들이다. 이 지역은 사람이 많이 사는 지역은 아니지만 꾸준히 사람들이 전도되어 왔다. 주님을 사랑하는 제자들, 영혼을 사랑하는 동역자들이 맺은 열매이다. 또한 이러한 제자들을 통해 역사하신 주님의 은혜이다.

"저는 항상 세상을 원망하고 외로워하며 제 자신을 자책하며 살았습니다. 그런데 제가 아이를 갖고 만삭이 되었을 때 이웃에 살던 대광교회 집사님이 집에 방문하셔서 힘들어 하는 저를 대신해 집안일도 도와주시며 섬겨 주셨습니다. 그분의 진심 어린 섬김과 사랑에 감동한 저는 그분의 전도로 교회에 나오게 되었고 예수 그리스도를 영접하여 하나님의 자녀가 되었습니다. 저는 부모님의 사랑을 느껴 보지 못했지만 저 역시 하나님께 사랑받는 자녀라는 것을 깨닫게 되었습니다. 이후 새가족반을 수료하고 예배와 순모임에 참석했습니다. 남편의 핍박 속에서 신앙생활을 시작했지만 남편과 시부모님도 예수님을 영접하여 이제 저와 함께 주님을 섬기는 동역자가 되었습니다.

사랑을 받아 본 적이 없어 베풀 줄도 모른다고 생각했던 제가 이제는 예수님의 크신 사랑에 힘입어 그 받은 사랑을 나누고 있습니다. 장애인을 섬기는 봉사를 하며 장애인들의 눈높이에 맞춰 그들과 대화하며 그들의 손발이 되어 주고 있습니다. 그리고 순장으로서 순원들을 섬기며 전도하며 예수님의 사랑을 실천하려 노력하고 있습니다."

"저는 대광교회에 와서 5주간의 '해피타임'을 통해 구원의 확신을 가졌습니다. 처음 순모임에 참석해 보니 순장님이 열정적이서서 매 시간마다 간증이 넘쳐났습니다. 순장님은 항상 밝은 표정과 늘 활기 찬 모습이어서 참 신기하다는 생각이 들었습니다. 다른 순장님들의 모습도 우리 순장님과 마찬가지였습니다. 모두 열정이 넘쳐났고 모두들 전도에 열심을 내어 섬기는 모습을 보며 대광교회 안에는 무언가 숨겨진 보물이 있을 것이라고 생각했고, 저도 그 보물을 갖고 싶다고 생각하게 되었습니다.

나도 그들과 같은 멋진 믿음을 가졌으면 좋겠다는 마음이 들 때쯤 제자훈련을 받게 되었습니다. 이후 저도 하늘 같은 순장 사역을 감당하게 되었습니다. 부족한 저를 구원해 주신 주님의 은혜에 너무나 감사했고 그 보답으로 저 또한 주님의 뜻이 이루어지는 데 쓰임 받고자 하는 소원을 품고 충성스러운 순장이 되려고 노력하였습니다.

목사님께서는 순장들이 일주일에 한 번씩 순원들을 찾아가 심방을 하도록 하셨습니다. 저는 순원들에게 어떤 말씀을 해줘야 할지도 모르면서 큰아이 손을 잡고, 둘째아이를 업은 채 늘 순원 집을 방문했습니다. 제가 맡은 순원들을 한 사람도 놓치지 않았고 점점 순이 부흥되어 갔습니다. 순모임의 생명은 계속적인 성장과 번식에 있다고 하는데, 지금까지 순에서 다섯 명의 순장이 배출되었고, 현재 두 명이 제자훈련을 받고 있습니다. 하나님의 은혜로 순이 배가되고 여러 차례 번식했습니다. 얼마 전에는 제가 전도한 순원이 제자훈련을 받고 순장으로 파송받았습니다. 저보다도 순원들을 더 잘 섬기고 있는 모습을 보면 얼마나 흐뭇하고 대견스러운지 자녀를 바라보는 엄마 같은 마음이 듭니다."

평택대광교회에는 전도되어 신앙생활을 시작한 성도들이 많다. 그러다 보니 전도의 열정이 있고 순수하다. 전도된 성도들이 많으면 교회의 영적인 상태는 좋아질 수밖에 없다. 미안한 말이지만 오랫동안 신앙생활한 성도들 중에는 찌든 때가 끼어 있는 자들이 있다. 그 찌든 때를 빼 내기 위해서는 힘든 과정을 거쳐야 한다. 어떤 때는 평생 그 때를 가지고 살기도 한다. 이런 경우 자신도 힘들지만 함께하는 지체와 목회자들까지 힘들어질 수도 있다. 자신과 힘든 씨름을 하고 훈련을 받아 제자가 되어야 비로소 동역자가 되고 열매를 맛볼 수 있는 것이다.

한 순장은 순장이 된 지 거의 5년이 지나고 나서야 비로소 자신이 맡은 순장의 직분을 잘 감당하는 것을 보았다. 처음에는 좀처럼 변하지 않는 자신의 성격 때문에 관계가 어려워져 힘들어했지만 이제는 순장의 역할을 잘 감당하는 것을 본다. 그분이 그동안 얼마나 인내하며 기도하고 노력했는지 미루어 짐작이 된다. 아마 주님께서도 크게 기뻐하시리라는 생각이 든다.

주님께서 인정하시는 교회, 주님께 칭찬받는 교회는 주님의 제자가 많은 교회임에 틀림없다. 그래서 목회의 본질은 단연 제자 삼는 일이다. 교회의 부흥을 가늠하는 척도는 큰 건물이나 직분자의 수, 성도의 수가 결코 아니다. 제자가 많아야 한다. 우리가 섬기는 교회 안에 제자는 얼마나 될까? 나는 주님의 제자인가? 한번쯤 돌아보자.

15. 순장이 져야 할 십자가

부활의 기쁨을 누리기 위해서는 십자가의 고난을 지나야 한다. 고난을 겪고 있는 당시에는 참으로 힘들지만 지난 후에 되돌아보면 그 고난이 아름다운 추억으로 남을 수도 있다. 고난을 잘 이기면 값진 결과를 누릴 수 있기 때문이다.

그러나 눈앞의 고난만을 바라보는 자는 더 이상 앞으로 나아갈 수 없다. 거기서 포기하거나 뒤돌아 가게 된다. 주님의 나라를 위해 당하는 고난은 주님이 귀하게 보시고 반드시 보상해 주신다. 하나님 나라를 위해 당하는 고난은 그 어디에서도 얻을 수 없는 값진 보화라는 것을 알아야 한다.

교회를 개척하고 어려움을 겪어 보지 않은 사람은 없을 것이다. 스무 명이 채 안 되는 식구로 처음 예배당을 건축할 때의 일이다. 건축을 위해서는 먼저 계약금이 있어야 했다. 그런데 계약금을 구할 방법이 없었다. 먼저 나 자신부터 드리는 것이 순서일 것 같아 살고 있는 집의 전세금을 헌금하여 계약금으로 내기로 했다.

그런데 전세금을 빼면 갈 곳이 없었다. 때마침 오래된 폐가를 알게 되었고 이웃 교회 전도사님의 도움으로 한 달 이상 걸려 직접 수리한 후 이사할 수 있었다. 집 주인인 이웃교회 권사님은 집을 그냥 쓰라고 하셨지만 그래도 대가를 지불하는 것이 좋겠다는 생각에 매달 만 원씩 월세를 드렸다.

여름이면 창문 하나 없이 후끈후끈 찌는 방에서 땀을 흘려야 했고, 장마 때는 천장에서 비가 떨어져 물통이나 세숫대야를 받혀야 했다. 겨울이면 방안 온도가 3도까지 떨어졌다. 쥐가 구멍을 뚫고 방안으로 들어와 쥐구멍 막는 일이 거의 매일의 일과가 되다시피 했다. 태풍이라도 부는 날이면 집이 무너질 것 같아 아내와 아들을 데리고 예배당으로 피신했다.

간혹 청년이나 이웃 교회 교인들이 집을 찾아왔다가 돌아서서 눈물을 흘렸다는 이야기를 듣기도 했다. 그러나 그 집에 살면서 불평하거나 힘들어한 적은 없었다. 큰아들이 생후 10개월 때부터 2년 동안 그 집에서 살았지만 아들은 한 번도 병을 앓은 적이 없었다. 쉽게 걸리는 감기 한 번 들지 않은 것은 하나님의 큰 은혜였다.

"생각하건대 현재의 고난은 장차 우리에게 나타날 영광과 비교할 수 없도다"(롬 8:18).

오늘날 그리스도인들은 교회를 향해 많은 요구를 한다. 자기 취향에 맞는 교회, 편안하게 신앙생활할 수 있고, 가능한 한 누릴 것이 많은 교회를 선택한다. 그러나 제자는 자신의 유익을 추구하지 않고 주님께서 원하시는 곳으로 가서 섬긴다. 주님께서 주시는 십자가까지 기꺼이 지려고 한다.

"누구든지 자기 십자가를 지고 나를 따르지 않는 자도 능히 내 제자가 되지 못하리라"(눅 14:27).

제자는 자신의 주장을 내려놓는다. 그런 면에서 아브라함은 바로 최초의 제자라고 할 수 있을 것이다. 그는 주님께서 말씀하신 제자도를 이미 품고 살았다. 가장 내려놓기 어려운 아들 이삭을 포기했다. 하나님의 뜻에 따라 그 아들을 기꺼이 드렸다.

사람들이 마지막까지 포기하지 못하는 것이 바로 자녀 문제인 것 같다. 오늘날 많은 경우 자녀가 부모의 우상이 되어 있다. 참으로 심각한 문제다. 하나님께서는 우상을 그대로 두신 경우가 없기 때문이다. 공교육이 무너지고 있는 가장 결정적인 이유도 바로 자녀들이 부모의 우상이 되어 있기 때문이다. 부모의 우상으로 자란 자녀들은 어느 누구의 말도 듣지 않고 안하무인으로 행동한다. 이런 젊은이들이 많아진다면 앞으로 우리가 사는 이 세상이 어떻게 될지 걱정하지 않을 수 없다.

평택대광교회에서는 유아교육기관인 '파이디온드림스쿨'과 중고등과정 '자유기독학교'를 통해 성도들의 자녀들을 양육하고 있다. 그런데 자녀에 대한 욕심이 많은 부모일수록 학교의 방침보다 자기의 뜻대로 자녀를 이끌어 가려는 경우가 많다. 자기 자녀가 특출하다고 생각하기에 자기 뜻대로 키우고 싶은 것이다. 그러나 자녀를 먼저 하나님의 뜻에 맡겨 드릴 때 그 자녀가 다음 세대를 위해 귀하게 쓰임 받을 수 있다.

> "네 길을 여호와께 맡기라 그를 의지하면 그가 이루시고 네 의를 빛 같이 나타내시며 네 공의를 정오의 빛 같이 하시리로다"(시 37:5-6).

오늘날 많은 그리스도인들 특히 리더들까지도 쉬운 일만 선호한다. 쉬워 보이고 자신의 구미에 맞는 일만을 추구한다. 자신이 맡은 일은 대충 처리하고 열광적인 박수를 기대한다. 목회하기 전 회사원으로 일했던 한 목사님은 교회의 안타까운 현실을 하소연했다. 직장에서는 상사에게 브리핑 하나를 하기 위해서도 며칠 밤을 새워 가며 글자 하나 틀리지 않도록 열과 성을 다하는데, 교회 리더들은 자신이 맡은 일을 너무 대충 해버리는 것이 안타깝다는 것이었다. 진정으로 제자가 되기 원한다면 주님께서 지워 주시는 십자가를 질 수 있어야 한다.

평택대광교회에서는 연말이 되면 섬기미 지원을 받는다. 섬기미가 담당하는 분야는 청소, 관리, 차량운전, 환경미화, 무료급식소, 로비 안내 등 다양하다. 어떤 분야는 지원자가 많아서 자신이 원하는 곳에서 섬길 수 없는 경우도 있다.

제자는 주님으로부터 쓰임 받는 것만으로도 감사하며 최선을 다한다. 만약 자신의 안위와 권리만을 추구하고 의무는 게을리하며 무의미한 시간만을 보내다가는 주님께 생각지도 못한 책망을 받게 될 것이다. 칭찬을 받게 될지 책망을 받게 될지는 모두 각자에게 달려 있다.

특별히 사람을 키우는 일에 쓰임 받는 순장은 십자가를 지고 주님을 따르는 제자의 자세가 되어 있어야 한다. 이 일에는 고난이 따르지만 이 일이야말로 가장 가치 있는 일이라는 확신이 있어야 한다. 십자가의 은혜에 붙들려 사역해야 하는 것, 그것이 주님이 가장 원하시고 기뻐하시는 일이다.

"순원이 순장에게 마음을 열지 않으면 순모임을 이끌기가 힘들기에 저는 순원들의 마음을 이해하려고 노력했습니다. 신문 배달하던 순원이 사정이 생겨 그 일을 하지 못하게 되었을 때, 대신 새벽에 신문도 배달해 주었습니다. 그때는 무섭고 힘들었는데 그 순원은 무척 감동받아 순장인 제 말이라면 정말 잘 들어 주고 기쁘게 제자훈련을 받아 지금은 순장으로 섬기고 있습니다. 저는 순원들의 발이 되어 순원이 필요할 때 병원이나 시내로 늘 달려가 섬겼습니다. 그러자 순원들의 마음문도 활짝 열려 함께 주의 사역을 즐겁게 감당할 수 있게 되었습니다. 순원이 제자훈련을 받겠다고 하면 그 훈련을 마칠 때까지 1-2년 동안 순원의 어린아이를 사랑으로 돌봐 주고 있습니다. 저의 작은 섬김을 통해 순원의 믿음이 성장하여 크게 쓰임 받을 것을 생각하면 힘들다는 생각은 전혀 나지 않고 기쁘게 섬기게 됩니다. 순원들 가운데는 사역과 훈련에 관심이 없고 예배만 드리는 분도 있지만 때가 되면 함께 쓰임 받을 것을 기대하며 기도하고 있습니다."

주님은 우리에게 상급을 주시기 위해 빨리 재림하고 싶어 하신다. 주님께서 준비하신 상은 이 세상의 어떤 상과 비교할 수 없는 규모와 권위 그리고 가치를 가지고 있다. 큰 상급을 준비하신 주님께서는 자신의 제자들을 꼭 안아 주시며 말씀하실 것이다.

> "그 주인이 이르되 잘 하였도다 착하고 충성된 종아 네가 적은 일에 충성하였으매 내가 많은 것을 네게 맡기리니 네 주인의 즐거움에 참여할지어다 하고"(마 25:21).

16. 부활의 소망이 있으면 흔들리지 않는다

올림픽에 출전한 선수들은 메달을 따면 너무나 기뻐한다. 하나님께서는 이런 승리와 비교할 수 없는 승리를 우리에게 주셨다. 그것은 바로 죽음에 대한 승리인 부활의 영광이다. 죽음은 인간의 한계를 극명하게 드러낸다. 그 누구도 죽음 앞에서는 저항할 수 없다.

그러나 역사 속에서는 부활을 경험한 자들도 있다. 구약의 사르밧 과부의 아들(왕상 17:17-24)과 수넴 여인의 아들(왕하 4:32-35), 엘리사의 뼈에 닿은 시체들(왕하 13:20-21)이 그들이다. 그리고 신약에서는 야이로의 딸(막 5:22-43), 나인성 과부의 외아들(눅 7:11-15)과 나사로(요 11:43-44), 욥바에 사는 도르가(행 9:36-40), 3층 다락방에서 떨어져 죽은 유두고(행 20:9-12), 예수님의 십자가 죽음 직후 무덤에 있던 많은 성도들(마 27:52-53)이다. 실제로 부활한 자들과 가족들은 이러한 경이로운 사건 앞에서 얼마나 놀라고 감격했을까?

우리는 신실하신 주님으로부터 부활을 약속받았다. 죽음 앞에 굴복할 수밖에 없는 인간이 예수님을 만나 죽음에 대해 가장 값진 승리를 거두게 된 것이다.

> "우리 주 예수 그리스도로 말미암아 우리에게 승리를 주시는 하나님께 감사하노니"(고전 15:57).

그리스도인이 부활하여 다시는 썩지 않을 몸을 입는 날은 '죽음'이 사망 선고를 받는 날이다. 그때는 더 이상 죽음을 두려워할 이유가 없다. 예수님의 부활로 죽음은 더 이상 힘을 쓸 수 없게 되었기 때문이다.

예수님의 제자들은 예수님으로 인해 죽음에 대한 두려움을 극복하고 장차 자신이 부활하여 영원히 살게 될 천국을 소망으로 삼고 사역했다. 순장들 역시 부활 신앙을 가지고 사역한다면 풍성한 열매를 얻게 될 것이다.

예수님의 부활로 우리는 모두 죽음과 죄 앞에서 당당할 수 있게 되었다. 우리는 승리를 주신 하나님께 감사하며 이렇게 말해야 한다.

> "사망아 너의 승리가 어디 있느냐 사망아 네가 쏘는 것이 어디 있느냐"(고전 15:55).

사도 바울은 부활 신앙에 대해 이렇게 말하고 있다.

> "그러므로 내 사랑하는 형제들아 견실하며 흔들리지 말고 항상 주의 일에 더욱 힘쓰는 자들이 되라 이는 너희 수고가 주 안에서 헛되지 않은 줄 앎이라"(고전 15:58).

견고한 믿음

부활의 소망을 가진 자는 어떤 경우에도 흔들리지 않는다. 잘못된 가르침에 미혹되지 않고 복음 전파를 위해 흔들림 없이 전진한다. 사도 바울은 부활의 소망을 가진 자의 자세에 대해 자주 언급했다.

> "항상 기뻐하라 쉬지 말고 기도하라 범사에 감사하라 이것이 그리스도 예수 안에서 너희를 향하신 하나님의 뜻이니라"(살전 5:16-18).

우리는 장차 죽음과 죄를 이기고 우리 주님께서 허락하신 부활에 참여할 것이기에, 바울은 어떤 경우에도 흔들리지 말고 한결같이 사역하라고 명한 것이다.

신앙생활을 오래 한 성도들 중에도 눈에 보이는 상황에 따라 매일 천국과 지옥을 오가는 사람들이 있다. 이런 성도는 자신뿐 아니라 모두를 힘들게 한다. 그러나 부활의 소망을 가진 자는 이 땅에서 고난이나 억울한 일을 당할 때도 더 이상 흔들리지 않는다.

부활을 확신한 제자들은 죽음을 겁내지 않고 사역했다. 그들이 죽음의 순간까지 흔들리지 않았던 이유는 잠깐 당하는 죽음의 고통보다 영원한 삶인 부활에 대한 믿음이 더 컸기 때문이었다. 서머나 교회 감독이었던 폴리갑은 화형을 당하기 전, 단 한 번만 예수를 모른다고 부인하면 그후에는 무슨 일이든 해도 상관 않겠다는 회유를 받았지만 조금도 흔들리지 않았다.

"내가 86년간 예수를 섬기는 동안 그분은 단 한번도 나를 배신하지 않았는데 내가 어찌 주님을 모른다고 부인할 수 있느냐"라고 말하고 담담하게 기도하며 장작더미 위에서 장렬히 순교했다.

부활에 대한 소망은 흔들림 없는 견고한 믿음을 갖게 해준다.

최고의 섬김

부활의 신앙을 가진 자는 "항상 주의 일에 더욱 힘쓰는 자들이 되라"는 말씀을 받는다. 이는 그리스도의 몸인 교회를 세우는 데 최선을 다하라는 것이다.

교회는 그리스도의 몸, 성도는 그 몸의 지체라고 하셨다. 우리 몸의 지체들이 한결같이 몸을 위해 섬기는 것처럼 제자들도 항상 주의 일에 힘써야 한다. 눈에 보이지 않는 지체들은 더욱 열심히 섬긴다. 육체의 생명이 다할 때까지 말이다.

밤늦게 라면을 즐겨 먹는 사람이 있다. 그는 그 습관을 20년 이상 이어 오고 있다고 한다. 몸속의 지체인 소화기관들이 얼마나 힘들었을까? 20년 동안 밤마다 라면을 받아들여 소화시킨다고 최선을 다했으니 말이다. 그럼에도 그 소화기관들은 기능을 못할 만큼 상태가 악화되기 전까지는 지속적으로 그 일을 계속할 것이다.

"인체의 신비전"을 관람한 적이 있다. 죽은 사람의 인체를 기증받아 화학약품 처리를 거친 후 표본화하고, 몸을 해부하여 신체 여러 부분을 직접 볼 수 있도록 전시하고 있었다. 최첨단 의학기술의 도움과 인체 기증자들의 헌신으로 몸의 전체와 각 장기들을 생생하게 볼 수 있어서 더 실감이 났다. 몸 안의 지체는 항상 몸을 위해 최선을 다하고 있다.

부활에 대한 약속을 받은 성도들은 비록 썩어 없어질 육체를 가지고 이 땅에서 살아가지만 자신에게 주어진 소명을 잘 감당하기 위하여 시간을 허비하지 않고 주의 일에 더욱 힘쓴다. 부활의 약속을 믿는 순장이라면 주님의 뜻과 선한 일을 이루기 위해 항상 노력하고 결코 무가치한 일을 위해 시간과 정력을 허비하지 않을 것이다.

상급에 대한 확신

사도 바울은 부활 신앙을 가진 자에게 "너희 수고가 주 안에서 헛되지 않은 줄 앎이라"고 했다. 부활이 있기에 주님을 위한 수고가 무익하지 않으며 그 수고에는 반드시 합당한 보상이 있음을 말씀한 것이다.

이 세상에 사는 동안 자신의 헛된 수고를 후회하는 사람들이 얼마나 많은가? 그러나 주님을 위한 수고는 어떤 경우에도 헛되지 않다. 따라서 그 수고를 사람들이 인정해 주지 않고 그 수고에 대한 대가를 받지 못해도 낙심하거나 서운해할 필요가 없다.

교회 안에서 일어나는 불미스러운 일들은 대부분 서운한 마음에서 시작된다. 평소 열심히 교회를 섬기던 지체들이 직분자로 선출되지 못할 때, 목사와 교인들에게 서운한 마음을 가지게 되어 결국은 하던 일을 놓는 경우가 허다하다. 교회를 옮기는 경우까지 발생한다.

사탄이 가장 즐겨 사용하는 방법이 바로 서운함을 마음에 슬그머니 밀어넣어 자리잡도록 하는 일이다. 이것은 지금까지 가장 효과를 보고 있는 수법이다. "넌 지금까지 수고한 것에 대한 보상을 받을 때가 되었어! 박수도 받고 직분도 받아야지!" 이렇게 속삭이는 사탄의 유혹에 결코 넘어지지 말아야 한다. 주님은 훗날 쓰레기와 같이 없어질 것으로 우리에게 충성을 요구하시는 분이 아니다. 주님께서는 가장 귀하고 값지고 영원한 보상을 준비하고 계심을 한시도 잊지 말라.

"보라 내가 속히 오리니 내가 줄 상이 내게 있어 각 사람에게 그가 행한 대로 갚아 주리라"(계 22:12).

주님은 속히 오고 싶어하신다. 우리에게 주실 상이 너무나 크고 귀하기에 그것을 빨리 주고 싶으신 것이다. 주실 상이 얼마나 귀하면 죽도록 충성하라고까지 말씀하셨을까?

"너는 장차 받을 고난을 두려워하지 말라 볼지어다 마귀가 장차 너희 가운데에서 몇 사람을 옥에 던져 시험을 받게 하리니 너희가 십 일 동안 환난을 받으리라 네가 죽도록 충성하라 그리하면 내가 생명의 관을 네게 주리라"(계 2:10).

순장은 부활에 대한 약속을 받은 제자답게 확신에 찬 삶을 살아가야 할 것이다.

17. 삶을 예배로 올려 드리는 순장

하나님 나라에서 좋은 리더가 되려면 먼저 예배자가 되어야 한다. 성경에는 하나님의 마음을 사로잡은 매력적인 한 사람이 등장한다. 바로 욥이다. 하나님께서는 사탄에게까지 욥을 자랑하셨다.

> "여호와께서 사탄에게 이르시되 네가 내 종 욥을 주의하여 보았느냐 그와 같이 온전하고 정직하여 하나님을 경외하며 악에서 떠난 자는 세상에 없느니라"(욥 1:8).

하나님의 마음을 사로잡은 욥의 매력은 무엇이었을까? 욥의 마음은 선한 것으로 가득 차 있었다. 선한 것으로 가득 찬 사람은 이웃에게 유익을 끼친다. 욥의 마음에는 악한 것이 자리잡을 수가 없었다. 욥이 죄악을 이길 수 있었던 원동력은 바로 예배였고 하나님께서는 이런 욥의 예배를 기쁘게 받으셨다.

은혜를 사모하라

욥은 하나님의 은혜를 사모했다. 마음으로 범한 죄까지 용서받기를 원할 만큼 하나님의 은혜를 사모했다. 죄가 하나님의 은혜를 가로막는다는 사실을 알았던 것이다.

 욥은 아들들의 생일이 지나면 하나님께 마음으로라도 범죄하지 않았을까 하여 번제를 드렸다. 욥은 잠시라도 죄와 함께할 수 없었다. 그래서 예배를 드림으로써 악을 이기고 하나님을 기쁘시게 해드렸다. 건성으로 예배를 드린 것이 아니라 진심이 담긴 예배를 드린 것이다.

> "아버지께 참되게 예배하는 자들은 영과 진리로 예배할 때가 오나니 곧 이 때라 아버지께서는 자기에게 이렇게 예배하는 자들을 찾으시느니라"(요 4:23).

 하나님께서는 성의 없이 예배 드리는 많은 사람을 보시며 신령과 진정으로 예배 드리는 자를 찾고 계신다. 예배 드릴 때는 마음이 분주하거나 산만해서는 안 된다. 주님의 은혜를 구하는 간절한 마음이 있어야 한다.

순장으로 사역하다 보면 사역 그 자체에 만족하여 예배를 소홀히 드리는 경우가 생길 수 있다. 그러나 예배를 소홀히 하는 자는 결코 좋은 리더가 될 수 없다. 순장은 항상 은혜를 사모하는 예배자가 되어야 한다.

포기할 수 있는 힘

사람은 한번 가지면 놓지 않으려고 한다. 그러나 욥은 포기할 수 있는 힘을 가지고 있었다. 포기하지 않는 사람은 쉽게 원망하고 저주하게 된다.

인간은 결국 이 땅에서 붙잡았던 모든 것을 포기해야 할 시간을 맞게 된다. 모두 놓고 가야 한다. 때가 되면 하나님께서는 인간에게 주셨던 것을 도로 가져가신다. 우리는 청지기일 뿐, 우리가 영원히 가질 수 있는 것은 아무것도 없다. 모든 것의 주인은 하나님이시다. 이 땅에서 누리는 모든 것이 하나님의 선물임을 알 때, 우리는 진정한 예배자가 될 수 있다.

욥은 이 사실을 인식하고 살았다. 포기할 수 있는 힘을 가졌기에 욥은 모든 것을 빼앗긴 상황에서도 예배를 드렸다. 하나님께 감사와 찬양을 올려 드렸다. 하나님께서는 욥의 이 감동적인 예배를 받으셨고, 그는 더 큰 복을 받게 되었다.

솔로몬도 말년에 이 사실을 깨달았다.

"사람마다 먹고 마시는 것과 수고함으로 낙을 누리는 그것이 하나님의 선물인 줄도 또한 알았도다"(전 3:13).

삶의 예배

『웹스터 사전』에서는 예배를 "경배와 고백과 기도와 감사 같은 것을 통하여 초월자를 향한 존경과 숭배와 경의를 표하는 것"이라고 정의하고 있다. 그러므로 예배는 "예수 그리스도로 거듭난 사람이 예수님의 구속 사역을 생각하면서 성령의 인도하심을 따라 살아 계신 하나님께 감사와 영광과 찬양을 올려 드리는 것"을 말한다.

가인과 아벨은 하나님께 제물을 드렸다. 하나님께 예배를 드린 것이다. 하나님께서는 아벨의 제물을 기쁘게 받으셨다. 왜 기쁘게 받으셨을까? 아벨은 양의 첫새끼를 제물로 드리고 가인은 땅의 소산물을 제물로 드렸다. 이들이 드린 제물의 가치를 보고 하나님께서 받으신 것일까? 히브리서 11장 4절에서는 이렇게 말씀한다.

"믿음으로 아벨은 가인보다 더 나은 제사를 하나님께 드림으로

의로운 자라 하시는 증거를 얻었으니 하나님이 그 예물에 대하여 증언하심이라 그가 죽었으나 그 믿음으로써 지금도 말하느니라."

아벨은 믿음으로 제물을 드렸다고 말씀하고 있다. 다시 말해 하나님께 마음을 다해 예배를 드렸다는 것이다. 하나님께서는 제물 이전에 아벨의 마음을 받으신 것이다.

하나님께서는 제물 자체가 아니라 제물을 드리는 사람의 마음을 받으신다. 하나님께서는 마음의 상태를 보시고 아벨의 제물을 받으시고, 가인의 제물은 거부하신 것이다. 가인이 제물을 드린 후 화를 내고 아벨을 살해한 것으로 보아 가인의 평소 삶 역시 하나님 마음에 들지 않았을 것이다. 가인은 단지 형식적인 예배를 하나님께 드렸고, 하나님께서는 그 예배를 받지 않으셨다. 하나님께서는 언제나 마음부터 살피신다. 제물도 중요하다. 그러나 일상적인 삶은 더 중요하다.

오늘날 많은 성도들의 고민은 예배와 삶이 일치하지 않는 데 있다. 예배는 드려도 삶 속에서는 하나님을 인정하지 않는 것이 문제이다. 예배드릴 때는 '예배'라는 가면을 쓰고, 예배 드린 후에는 그 가면을 벗어 버리고 사는 것이 문제이다.

욥은 예배와 삶이 일치한 사람이었다. 하나님 앞에서 순전함과 정직함으로 살았던 욥은 삶 자체가 예배였다. 하나님께서는 그러한 욥의 삶을 받으셨고, 욥을 사탄에게 자랑하신 것이다.

진정으로 하나님을 예배하는 자야말로 가장 힘 있는 지도자이다. 하나님께서 원하시는 변화를 주도하는 사람이야말로 진정한 예배자이다. 하나님께서는 삶의 예배를 드리는 자를 리더로 세우신다. 순장이 예배에 성공할 때 순원들을 변화시키는 리더가 될 수 있을 것이다.

"저는 예수님을 통해 천국을 선물로 받고 제 삶의 목적이 분명해졌습니다. 가족들이 불같이 반대하고 핍박했지만 저는 하나님께 순종하기로 마음을 정했습니다. 온 가족이 반대하는 가운데 주일성수와 예배를 위해 새벽기도에 나가 정말 간절히 기도했습니다. 새벽에 기적을 일으키시는 하나님께서는 20년이 지난 지금도 동일한 은혜를 부어 주시고, 그 은혜 때문에 지금도 새벽에 눈을 뜨면 가슴이 뜁니다. 제 등에 업혀 새벽예배 다니던 딸이 어느새 자라 수능시험을 치르는 날, 딸과 함께 새벽예배를 갔습니다. 딸은 제 손을 꼬옥 잡으며 "엄마, 오늘 수능시험을 삶의 예배로 드릴 거예요"라며 활짝 웃어 주었습니다. 정말 성령충만한 모습이었습니다. 딸은 원하는 대학에 합격했고 캠퍼스 전도에 힘을 쏟고 있을 뿐만 아니라 지금까지 전액 장학금을 받고 있습니다.

저는 지금도 순원들에게 예배의 축복과 중요성을 강조합니다. 순모임에 들어가면 주일예배 설교를 순원들에게 상기시킵니다. 설교 내용을 이해하고 잘 적용하도록 도우며 그 말씀이야말로 한 주간에 만나는 삶의 모든 문제를 해결하는 생명의 양식임을 가르칩니다. 순원들의 마음에 말씀이 깊이 새겨져 그 말씀이 등과 빛이 되어 하나님의 인도하심 받기를 기대합니다."

18. 하나님을 경외하는 순장

이 땅에서 110년을 살면서 가장 강력한 리더십을 발휘한 사람이 바로 요셉이다. 요셉의 삶은 예수님과 유사한 점이 많다. 아버지의 지극한 사랑을 받은 것, 죄를 싫어한 것, 다른 나라에 팔려 가 고통을 당한 것(예수님께서는 은 30에, 요셉은 20에 팔렸다), 유혹을 받았지만 승리한 것, 죽음의 장소에 같이 있었던 두 사람 중 한 명만 구원받은 것(예수님과 함께 십자가에 매달린 두 명의 강도 중 한 명만 구원받았다. 요셉과 같은 감옥에 있던 술 맡은 관원장은 구원받았고, 떡 굽는 관원장은 구원받지 못했다), 예수님께서는 하늘과 땅의 모든 권세를 얻으셨고 요셉은 애굽에서 모든 권세를 얻은 것, 그리고 사람들에게 양식을 제공한 것(애굽과 주변 나라 사람들은 요셉을 통해 양식을 얻었고, 모든 사람은 예수님을 통해 영생을 얻는다).

"예수께서 이르시되 나는 생명의 떡이니 내게 오는 자는 결코 주리지 아니할 터이요 나를 믿는 자는 영원히 목마르지 아니하리라"(요 6:35).

요셉은 창세기에서 자신을 은 20에 팔아넘긴 형들에게 자신이 어떻게 살아 왔는지 고백하고 있다. 지금까지 자신의 삶은 하나님과 관계 맺음으로써 이어져 왔으며 자신은 하나님을 경외했다는 것이다.

"사흘 만에 요셉이 그들에게 이르되 나는 하나님을 경외하노니 너희는 이같이 하여 생명을 보전하라"(창 42:18).

경외란 하나님을 향한 두려움이다. 이 땅을 창조하시고 모든 주권을 가지고 계신 하나님의 권위와 거룩함을 공경하는 마음에서 시작되는 두려움이다. 죄인이자 피조물인 인간이 창조주이시며 만물의 주관자이시며 심판자이신 하나님을 향해 품는 마음이다.

하나님을 경외하는 자들은 하나님을 대하는 태도가 다르다. 믿음의 조상인 아브라함은 하나님을 경외했다. 하나님께서 아브라함을 부르시고 말씀하실 때 아브라함은 그 자리에 엎드렸다. 이것은 하나님을 창조주로 인정하며 공경하며 진정으로 그분을 섬기는 자세이다.

"아브람이 구십구 세 때에 여호와께서 아브람에게 나타나서 그에게 이르시되 나는 전능한 하나님이라 너는 내 앞에서 행하여 완전하라 내가 내 언약을 나와 너 사이에 두어 너를 크게 번성하게 하리라 하시니 아브람이 엎드렸더니 하나님이 또 그에게 말씀하여 이르시되"(창 17:1-3).

이스라엘의 사사시대에 모압의 에글론이란 왕(이후 사사 에훗에게 살해되었다)은 뚱뚱해서 거동이 부자유스러웠지만 에훗으로부터 하나님의 명령을 듣기 위해 자리에서 일어났다.

"에훗이 그에게로 들어가니 왕은 서늘한 다락방에 홀로 앉아 있는 중이라 에훗이 이르되 내가 하나님의 명령을 받들어 왕에게 아뢸 일이 있나이다 하매 왕이 그의 좌석에서 일어나니"(삿 3:20).

로마 황제였던 콘스탄틴 대제는 설교를 들을 때 왕관을 벗고 서서 말씀을 들었다고 한다.

하나님을 경외한 교회를 꼽으라고 하면 데살로니가 교회를 들 수 있을 것이다. 데살로니가 교회 성도들은 하나님 말씀을 듣는 자세가 달랐다. 사도들이 전하는 말씀을 사람의 말로 듣지 않고 하나님 말씀으로 들었다.

"이러므로 우리가 하나님께 끊임없이 감사함은 너희가 우리에게 들은 바 하나님의 말씀을 받을 때에 사람의 말로 받지 아니하고 하나님의 말씀으로 받음이니 진실로 그러하도다 이 말씀이 또한 너희 믿는 자 가운데에서 역사하느니라"(살전 2:13).

하나님을 경외하는 순장은 말씀을 들을 때 사람의 말이 아닌 하나님의 말씀으로 듣는다.

하나님을 경외하는 것이 중요한 이유는 다음과 같다.

쓰임 받음

애굽의 바로는 이스라엘 사람들이 낳는 모든 사내아이를 죽이라고 명령했다. 그때 하나님을 두려워하던 산파들은 바로의 명령을 거역하고 사내아이들을 죽이지 않았다. 산파들은 바로의 명령보다 하나님을 경외했다. 하나님을 더 두려워한 것이다.

"애굽 왕이 히브리 산파 십브라라 하는 사람과 부아라 하는 사람에게 말하여 이르되 너희는 히브리 여인을 위하여 해산을 도울 때에 그 자리를 살펴서 아들이거든 그를 죽이고 딸이거든 살려두라 그러나 산파들이 하나님을 두려워하여 애굽 왕의 명령을 어기고 남자 아기들을 살린지라 애굽 왕이 산파를 불러 그들에게 이르되 너희가 어찌하여 이같이 남자 아기들을 살렸느냐 산파가 바로에게 대답하되 히브리 여인은 애굽 여인과 같지 아니하고 건장하여 산파가 그들에게 이르기 전에 해산하였더이다 하매 하나님이 그 산파들에게 은혜를 베푸시니 그 백성은 번성하고 매우 강해지니라 그 산파들은 하나님을 경외하였으므로 하나님이 그들의 집안을 흥왕하게 하신지라"(출 1:15-21).

하나님께서는 자신을 경외하는 산파들에게 은혜를 베푸셔서 그 산파들의 집을 흥왕하게 하셨다. 그리고 모세는 하나님을 경외하는 산파들이 있던 그 시대에 태어났다. 하나님께서는 자신을 경외하는 자들을 통해 역사하신다.

요셉 역시 하나님을 경외한 사람이었다. 요셉 역시 하나님께 아름답게 쓰임 받았다. 하나님을 경외한 요셉의 삶은 참으로 아름다웠다. 자신의 삶뿐 아니라 다른 사람의 삶에 아름다운 영향력을 미쳤다. 요셉이 자신을 애굽에 판 형들을 용서하지 못하고 죗값을 치르게 했다면 요셉도 그의 형들의 삶도 아름답지 못했을 것이다.

하나님께서는 하나님을 경외한 자들을 통해 뜻을 이루셨다. 하나님을 경외하면 하나님으로부터 더 크고 귀하게 쓰임 받게 된다.

용서하는 삶

하나님을 경외하는 자는 하나님께서 역사의 주관자이심을 인정한다. 요셉은 자신들의 잘못을 뉘우치며 두려워 떠는 형들을 용서했다. 그리고 이렇게 말했다.

> "당신들이 나를 이 곳에 팔았다고 해서 근심하지 마소서 한탄하지 마소서 하나님이 생명을 구원하시려고 나를 당신들보다 먼저 보내셨나이다"(창 45:5).

하나님을 경외하는 사람은 하나님이 하나님 되심을 인정한다. 그래서 요셉은 지나간 모든 삶을 하나님께서 주관하셨음을 믿은 것이다.

하나님을 경외하며 사역하는 순장들은 하나님께서 계획하신 큰 그림을 볼 수 있다. 자신을 힘들게 하는 순원을 보며 자신의 과거의 모습을 떠올리며 그를 용서하는 마음을 갖게 되고, 자신을 향한 하나님의 큰 뜻을 바라볼 수 있다. 현재 상황까지도 하나님께서 주관하고 계심을 믿기 때문이다.

요셉은 자신이 애굽에 온 것이 바로 하나님의 계획 때문이었다고 믿었기에 자신을 팔아넘긴 형들을 용서할 수 있었다. 용서하는 사람은 삶이 아름답다. 그러나 미움을 품고 사는 사람은 삶이 어둡고 결국에는 추해진다. 교회 안에 지체들끼리도 서로 미워하며 죄를 범하는 일이 얼마나 많은가?

요셉은 자신을 무고하여 감옥에 넣은 보디발의 아내와 보디발을 향하여 원한이나 복수심을 품지 않았다. 보디발과 그의 아내는 총리가 된 요셉을 바라보며 살아 계신 하나님을 발견했을 것이다. 그리고 하나님은 하나님을 경외한 요셉을 통해 영광을 받으셨을 것이다.

하나님께서 보호하심

요셉은 하나님의 철저한 보호와 인도 속에 살았다. 형제들로부터 미움을 받아 애굽에 팔려 가서 종살이를 하던 중에도, 보디발의 아내에게 모함을 받아 감옥살이를 하던 중에도 하나님의 보호를 받았다.

형들이 쳐 놓은 그물은 그가 애굽의 총리가 되는 계기가 되었고, 보디발의 아내가 쳐 놓은 그물 역시 요셉을 망하게 하지 못했다. 잠언 14장 27절은 말씀한다.

"여호와를 경외하는 것은 생명의 샘이니 사망의 그물에서 벗어나게 하느니라."

놀라운 말씀 아닌가? 하나님께서는 그분이 약속하신 말씀대로 이루신다.

죄의 유혹을 이김

요셉은 죄를 미워했다. 어려서부터 형들의 잘못을 보고 그냥 넘어가지 않았다. 형들의 죄를 지적하고 아버지에게 고했다. 죄에 대해 분명한 태도를 보인 것이다.

> "야곱의 족보는 이러하니라 요셉이 십칠 세의 소년으로서 그의 형들과 함께 양을 칠 때에 그의 아버지의 아내들 빌하와 실바의 아들들과 더불어 함께 있었더니 그가 그들의 잘못을 아버지에게 말하더라"(창 37:2).

요셉은 죄를 미워하다가 형들에 의해 애굽으로 팔려 갔고, 보디발의 아내의 유혹을 과감하게 물리치다가 억울하게 감옥에 들어갔다. 하나님을 경외하는 자는 악을 미워하기에 죄의 유혹을 이기는 것이다.

> "여호와를 경외하는 것은 악을 미워하는 것이라 나는 교만과 거만과 악한 행실과 패역한 입을 미워하느니라"(잠 8:13).

은혜가 넘침

요셉은 가는 곳마다 자신이 하나님의 사람임을 드러냈고 그 결과 선한 영향력을 끼쳤다. 보디발의 집도 요셉을 통해 복을 받았다.

> "그의 주인이 여호와께서 그와 함께 하심을 보며 또 여호와께서 그의 범사에 형통하게 하심을 보았더라 요셉이 그의 주인에게 은혜를 입어 섬기매 그가 요셉을 가정 총무로 삼고 자기의 소유를 다 그의 손에 위탁하니 그가 요셉에게 자기의 집과 그의 모든 소유물을 주관하게 한 때부터 여호와께서 요셉을 위하여 그 애굽 사람의 집에 복을 내리시므로 여호와의 복이 그의 집과 밭에 있는 모든 소유에 미친지라"(창 39:3-5).

그뿐 아니다. 감옥에 들어가서도 요셉은 자신이 하나님의 사람임을 드러냈고 간수장은 하나님께서 요셉과 함께하심을 보고 은혜를 베풀었다.

> "이에 요셉의 주인이 그를 잡아 옥에 가두니 그 옥은 왕의 죄수를 가두는 곳이었더라 요셉이 옥에 갇혔으나 여호와께서 요셉과 함께 하시고 그에게 인자를 더하사 간수장에게 은혜를 받게 하시매 간수장이 옥중 죄수를 다 요셉의 손에 맡기므로 그 제

반 사무를 요셉이 처리하고"(창 39:20-22).

하나님을 경외하는 자에게는 하나님의 큰 은혜가 임함을 믿어야 한다.

"주를 두려워하는 자를 위하여 쌓아 두신 은혜 곧 주께 피하는 자를 위하여 인생 앞에 베푸신 은혜가 어찌 그리 큰지요"(시 31:19).

존귀한 자가 됨

요셉은 끝까지 존귀한 자로 살게 된다. 하나님께서는 하나님을 경외하는 자의 삶을 받으시는 것이다. 성경은 그 출신과 배경이 어떠하든지 하나님을 경외하고 의로운 일을 행하는 사람을 받아 주신다고 하셨다.

"각 나라 중 하나님을 경외하며 의를 행하는 사람은 다 받으시는 줄 깨달았도다"(행 10:35).

하나님을 경외하는 순장은 탁월한 리더가 되어 미처 생각하지도 못한 열매를 맺을 수 있다. 모든 순장이 하나님을 경외하는 순장이 되기를 간절히 소원해 본다.

19. 큐티하는 순장

예수님의 제자훈련과 오늘날의 제자훈련은 차이가 날 수밖에 없다. 제자들은 3년 동안 예수님과 함께하며 주님의 삶을 보며 말씀을 들었다. 그리고 주님의 사역을 직접 보며 풍랑치는 배 위에서 위기 극복의 방법을 깨달았다. 그리고 산상수훈을 직접 들었다. 제자들은 항상 주님과 함께했다.

따라서 오늘날처럼 한 주에 한 번 모이는 제자훈련으로 제자들이 가졌던 영성을 유지하는 것은 어렵다. 그러므로 순장의 영성을 유지하기 위해서는 항상 말씀에 붙들려 사는 훈련, 주님과 동행하는 삶을 훈련하는 것이 무엇보다 중요하다.

제자훈련을 마친 후 순장으로 사역하면서 한결같은 영적 상태를 유지하며 주님과 동행하는 삶을 사는 것은 아주 중요하다. 이러한 영적 상태를 유지하기 위해 세미나에 참석하거나 새로운 단계의 지식을 습득하는 것도 도움이 된다. 그러나 가끔씩 참여하는 세미나나 업그레이드된 프로그램이 항상 주님과 동행하는 삶을 살도록 보장해 주지는 못한다.

그렇다면 순장은 어떻게 주님과 동행해야 할까? 큐티를 생활화해야 한다. 매일 기도와 말씀 묵상으로 하루를 시작하는 것은 좋은 순장의 필수적인 조건이다.

순장 사역을 오래 하다 보면 습관에 젖어 영적으로 건조한 상태를 맞을 수도 있다. 그러한 상태가 되는 가장 큰 요인은 바로 경건의 생활이 부족하기 때문이다.

순장이 되었다고 해서 계속 영적 건강을 유지할 수 있는 것은 아니다. 항상 영적인 영양분을 공급받아야 한다. 하루라도 밥을 먹지 않으면 건강을 유지할 수 없는 것처럼 영의 양식인 말씀을 먹지 않고는 영적 건강을 유지할 수 없고 따라서 건강하게 사역할 수도 없다.

경건의 시간은 깨어 있는 영적 상태를 유지하는 데 가장 중요하다. 특히 순원들을 이끄는 작은 목사인 순장에게 매일 경건의 시간을 갖는 것은 선택이 아니라 필수임을 명심해야 한다.

또한 정기적으로 경건의 시간을 갖게 되면 온전한 봉사를 할 수 있다. 디모데후서 3장 17절은 이렇게 말씀하고 있다.

"이는 (성경은) 하나님의 사람으로 온전하게 하며 모든 선한 일을 행할 능력을 갖추게 하려 함이라."

큐티는 하나님의 말씀을 정기적으로 섭취하는 것이다. 큐티를 지속적으로 하게 되면 섬김의 차원이 높아지고 지속적으로 교회를 섬길 수 있는 새로운 힘과 지혜를 공급받는다. 또한 사역을 때때로 방해하는 장애물이나 유혹을 능히 극복하여 주님께서 원하시는 섬김의 삶을 살 수 있다. 큐티를 통해 하나님께서 원하시는 선한 일을 이루어 드릴 수 있는 것이다.

큐티는 영적인 시야를 넓혀 준다. 따라서 주님께서 인도하시는 곳을 멀리 바라볼 수 있고, 자신의 유익보다 다른 지체인 순원이 성숙한 단계로 나아가는 것을 도울 수 있다.

큐티는 자신을 자세히 살펴 영적으로 성숙하도록 돕는다. 히브리서 4장 12-13절의 말씀을 통해 이 사실을 확인할 수 있다.

"하나님의 말씀은…마음의 생각과 뜻을 판단하나니 지으신 것이 하나도 그 앞에 나타나지 않음이 없고 우리의 결산을 받으실 이의 눈 앞에 만물이 벌거벗은 것 같이 드러나느니라."

큐티를 생활화하는 사람은 하나님의 말씀을 통해 자신의 잘못을 깨닫고 돌이키지 않을 수 없다. 상처를 치료하지 않고 오래 두면 곪아 터지는 것처럼 영적으로 잘못된 부분을 그대로 방치하면 곪아 터져 후유증을 겪을 수도 있다.

큐티는 한순간의 잘못을 최소화할 수 있다. 성경에서도 믿음의 사람들이 한순간의 범죄로 오랫동안 고통을 당하는 것을 발견할 수 있다. 매일 큐티하는 경우 이런 위험을 줄일 수 있다. 물론, 사람이 잘못을 범할 수는 있다. 그런데 큐티하는 사람은 자신의 잘못과 부족함을 깨닫고 빨리 돌이킬 수 있다.

하나님께서는 회개하지 않는 사람을 사용하지 않으신다. 깨끗한 그릇이 아니면 아무리 좋은 그릇이라도 쓸모가 없다. 더러운 그릇에는 음식을 담을 수 없기 때문이다. 만약 그 그릇에 음식을 담았다고 해도 그 음식은 곧 부패하여 먹지 못하게 될 것이다.

큐티를 하지 않고 사역하다 보면 어느 순간 사역의 목적이 자신의 만족을 향하기 쉽다. 그러면 불평과 원망이 쉽게 찾아와 순원들에게 유익을 주지 못하고 덕을 끼치지 못한다. 그뿐 아니라 주님의 핏값으로 세운 존귀한 공동체인 교회의 하나 됨을 깨뜨릴 수 있다.

어떤 학자가 제자들에게 이런 말을 자주 했다. "죽기 하루 전에 회개하라." 매일 회개하는 삶을 강조한 것이다. 큐티야말로 자신의 모습을 살피는 가장 좋은 시간이다.

성경에 나오는 에녹은 모든 그리스도인이 닮아야 할 큐티의 모델이라고 할 수 있다. 항상 하나님과 동행한 에녹은 가장 확실하게 큐티한 사람이다.

"므두셀라를 낳은 후 삼백 년을 하나님과 동행하며 자녀들을 낳았으며"(창 5:22).

타락한 시대에 에녹이 자신을 지킬 수 있었던 것은 바로 하나님과 동행했기 때문이다. 하나님과 동행한 에녹은 죽음이라는 저주를 보지 않고 하늘나라로 갔다. 이것이 얼마나 큰 복인가? 하나님께서 가장 귀하게 여기시는 삶은 바로 하나님과 동행하는 삶이다.

매일 큐티를 통해 묵상한 말씀을 삶 속에 적용하며 산다면 순원들을 깨우고 세워 주는 능력 있는 평신도 사역자가 될 수 있을 것이다.

평택대광교회는 매일 새벽예배를 큐티로 진행한다. 그렇게 한 지 벌써 20년이 지났다. 그동안 큐티를 통해 누린 은혜는 참으로 크다. 순모임에서도 큐티를 통해 하나님께서 베풀어 주신 풍성한 은혜를 나눈다. 특히 순장은 매일 큐티를 지속해 가야만 순원들을 만날 때마다 살아 계신 하나님의 은혜를 새롭게 증거할 수 있다. 큐티를 생활화하는 순장은 힘 있는 순장이다. 삶 속에서 매일 나를 위해 일하시는 살아 계신 하나님을 증거할 수 있어야 순원을 건강한 그리스도인으로 양육할 수 있을 것이다.

평택대광교회 순장반 출석부에는 큐티 점검란이 있다. 매 순장반 시간마다 큐티를 점검함으로써 큐티를 소홀히 하지 않도록 한다. 큐티는 평생 해야 하는 것이므로 아무리 강조해도 부족하다.

"저는 제자훈련을 받을 때 받았던 큐티 훈련을 통해 매일 하나님의 음성을 듣고 순종하여 하나님을 경험하는 은혜를 누리게 되었습니다. 순장으로 사역하고 있는 지금도 큐티를 매일 생활화하며 살아 계신 하나님을 삶 속에서 매일 경험합니다. 말씀을 통해 제가 불순종하고 있는 부분들을 고치기를 원하시는 하나님의 마음을 읽고 항상 구체적으로 결단합니다. 그리고 주님의 도우심을 구하고 순종하기를 힘쓰며 나아갑니다. 순원들에게도 매일 큐티를 생활화하도록 가르치고 순모임 시간에도 큐티 나눔을 잊지 않습니다. 그래서 순원들이 말씀의 지배를 받아 삶의 변화를 경험하도록 인도합니다."

국제제자훈련원은 건강한 교회를 꿈꾸는 목회의 동반자로서 제자 삼는 사역을 중심으로 성경적 목회 모델을 제시함으로 세계 교회를 섬기는 전문 사역 기관입니다.

열매 맺는 순장

초판 1쇄 발행 2013년 3월 5일
초판 6쇄 발행 2022년 4월 29일

지은이 배창돈

펴낸이 오정현
펴낸곳 국제제자훈련원
등록번호 제2013-000170호(2013년 9월 25일)
주소 서울시 서초구 효령로68길 98(서초동)
전화 02)3489-4300 **팩스** 02)3489-4329
이메일 dmipress@sarang.org

저작권자 (C) 배창돈, 2013, Printed in Korea.
이 책은 저작권법에 의해 보호를 받는 저작물이므로 저자와 출판사의 허락 없이
내용의 일부를 인용하거나 발췌하는 것을 금합니다.

ISBN 978-89-5731-608-5 03230

※ 책값은 뒤표지에 있습니다. 잘못된 책은 구입하신 곳에서 교환해드립니다.